Dedicado a:

_____
_____
_____
_____
_____

Para: _____

De: _____

Fecha: _____

Drs. Jose & Lidia Zapico

Maldición o Bendición

Alineándote con Dios

Nuestra Visión

Alcanzar las naciones llevando la autenticidad de la revelación de la Palabra de Dios, para incrementar la fe y el conocimiento de todos aquellos que lo anhelan fervientemente; esto, por medio de libros y materiales de audio y video.

Publicado por
JVH Publications
11830 Miramar Pwky
Miramar, Fl. 33025
Derechos reservados

© 2012 JVH Publications (Spanish edition)
Primera edición 2012
© 2012 José y Lidia Zapico
Todos los derechos reservados.

ISBN 1-59900-033-4

Reservados todos los derechos. Ninguna porción ni parte de esta obra se puede reproducir, ni guardar en un sistema de almacenamiento de información, ni transmitir en ninguna forma por ningún medio (electrónico, mecánico, de fotocopias, grabación, etc.) sin el permiso previo de los editores. La única excepción es en breves citas en reseñas impresas.

Fotografía de los autores: Jim Midei
Diseño de la portada e interior: Esteban Zapico
Impreso en USA
Categoría: Guerra Espiritual

Contenido

Introducción	1

Capítulo 1
Conociendo las Maldiciones	7

Capítulo 2
Andando Bajo Maldición	17

Capítulo 3
Camino de Maldición o Bendición	29

Capítulo 4
Las Maldiciones del Rechazo	41

Capítulo 5
El Corazón Malo /Rah/	51

Capítulo 6
Persistiendo en Hacer el Mal	71

Capítulo 7
La Maldición /Aor/ Produce Ceguera Espiritual	89

Capítulo 8
La Maldición /Calal/ La Falta de Honra a los Padres	97

Capítulo 9
La Maldición /Alah/ y El Mal Humor	117

Capítulo 10
La Maldición /Alah/ y la Verdadera Voluntad de Dios	127

Capítulo 11
Saliendo de la Maldición /Arar/ La Influencia de Babilonia	143

Capítulo 12
Analizando la Maldición /Kjerem/ Siendo Libres de la Contaminación	157

Capítulo 13
La Maldición /Nacab/ No Puede Tocar los Fieles   165

Capítulo 14
Andando Bajo Bendición   173

Capítulo 15
Cómo Ser Libre de la Culpabilidad   181

Capítulo 16
Los Argumentos de la Mente   199

Capítulo 17
¿Qué es una Cautividad y Cómo Salir de Ella?   211

Capítulo 18
Las Bendiciones del Arroyo del Neguev   227

Capítulo 19
El Precio de la Sangre Te Hace Libre
Rompiendo el Efecto de la Maldición   241

Bibliografía   253

Introducción

La desobediencia a Dios y a su palabra acarrea maldición mas el temer a Dios y el obedecer sus mandatos trae la bendición. De esto se trata este libro. En el mismo se ha querido desmenuzar tanto los efectos de las maldiciones como los beneficios de las bendiciones, para profundizar en el tema. A través de cada capítulo se expone claramente los dos caminos, los cuales Dios desde el principio habló a su pueblo que debería de escoger; la bendición si guarda sus mandamientos y la maldición si los rechaza.

Este tema es tan válido ayer como hoy y tan importante como para confrontarlo en medio de una sociedad que ha caído en tinieblas por causa de la maldición de la desobediencia. Indiscutiblemente la humanidad ignora la esencia de las maldiciones mientras que a la vez vive con ellas todo el tiempo. Este tema es importante conocerlo para que muchos sean libres de sus opresiones y enderecen su caminar con Dios. Aún dentro de las Iglesias muchos llamados cristianos actúan bajo la opresión de las maldiciones generacionales, atados a costumbres que desagradan a Dios. Cristo rompió con la maldición por medio de la cual el ser humano estaba destituido de la gloria de Dios; para otorgarle a la vez la vida que es la que se adquiere para estar listo para la eternidad.

La Biblia declara que "*Cristo nos redimió de la maldición de la ley, hecho por nosotros maldición (porque está escrito: Maldito todo el que es colgado en un madero), para que en Cristo Jesús la bendición de Abraham alcanzase a los gentiles, a fin de que por la fe recibiéramos la promesa del Espíritu.*" Jesús se hizo maldito para redimir al hombre de la maldición, esta es la noticia mas gloriosa que podemos escuchar. La lectura de este libro lleva a entender en un lenguaje sencillo y descriptible como ser libre de ellas y a reconocerlas por su nombre en hebreo para identificarlas y renunciar a cada una de ellas. El deseo de los autores es que la fe de cada lector se despierte para vivir bajo la bendición que los llevará a vivir una vida de santidad y de entrega genuina a Dios. Esto es mas importante que miles de palabras.

"*...no devolviendo mal por mal, ni maldición por maldición, sino por el contrario, bendiciendo, sabiendo que fuisteis llamados para que heredaseis bendición.*" 1 Pedro 3:4

"*Bendito sea el Dios y Padre de nuestro Señor Jesucristo, que nos bendijo con toda bendición espiritual en los lugares celestes en Cristo.*" Efesios 1:3

Sea que se este viviendo bajo bendición o bajo la opresión de la maldición este libro te enseñará: Que Dios quiere destruir en ti toda maldición. Como en la obediencia a la Palabra se recibe bendición y prosperidad. Mientras que el romper con las maldiciones es una decisión personal y que a la vez es la mejor decisión que alguien puede tomar en la vida.

Los autores

Conociendo Las Maldiciones

1

Conociendo las Maldiciones

Lo más importante que se quiere transmitir en este libro, es detectar la causa de cualquier maldición que pudiera influenciar al alma, para desactivarla y anular así su efecto. No se puede alcanzar el propósito de Dios mientras se viva oprimido y no se hayan cancelado las maldiciones generacionales. Todo el mundo ha cometido agravio a la ley de Dios, y eso lo hace portador de la maldición. Por lo tanto se necesita conocer las causas por las cuales una persona puede caer cautiva en ella. También hay que entender, que es el pecado y cómo ser libre del mismo.

> **Para salir de la maldición y entrar en la bendición de Dios hay que reconocer a Jesucristo, el único Redentor que lleva al alma a una verdadera libertad.**

En el Pentateuco específicamente en el libro de Deuteronomio 27:1-26, hay una lista dictada por Dios mismo en la que están escritas las causas por las cuales una persona voluntariamente puede caer bajo maldición. Para ser totalmente libre de ellas, se debe conocer y entender como pasan de una generación a otra, y si aún están persistiendo en alguna parte de la vida, poder saber como desarraigarla.

> **La palabra maldición aparece 230 veces en la Biblia, mientras que la palabra bendición está registrada en 410 ocasiones. ¡Dios es un Dios de bendición!**

¿Qué es una Maldición?

Dios mismo habló a Moisés para que dejara escrito, los dos senderos de la vida que el hombre puede escoger. Uno es el camino de la bendición y el otro el de la maldición. Dios quiso que el pueblo fuera consciente de ello, para apropiarse de la bendición.

> **La maldición consiste en no hacer ni oír la voluntad de Dios. La bendición de Dios por el contrario, es creer, hacer y recibir su favor.**

El hombre como ser espiritual tiene un caminar que es espiritual; aunque este no se ve, existe y es real. Este caminar es el que tiene que ver con nuestros actos y con todas las cosas que decidimos hacer en el transcurso de nuestra vida. Lo podríamos comparar con el andar de un viajero, el cual se dirige a donde quiere ir. Muchos escogen el camino al azar, sin ordenar sus pasos, eso es peligroso porque les surgen experiencias sorpresivas que no podrán evitar. Dios le dio al hombre el libre albedrío, donde cada uno decide por sí mismo lo que quiere hacer. Por eso Dios puso delante de su pueblo, los dos caminos: el de la vida y el de la muerte, el ancho y angosto; el de la bendición y el de la maldición.

Jesús habló acerca de estos dos caminos y el hombre es el que decide cual de ellos escogerá.

Dios mismo permite que sea el hombre el que elija cual va a escoger (si por el ancho o por el angosto). Muchos son los que escogen el camino ancho, ya que es el que tiene menos dificultades, es sin restricciones, ofrece todo tipo de placer y se acopla fácilmente a la aspiraciones y los deseos personales.

Al hombre le gusta tomar sus decisiones propias.

En el camino ancho, el placer de la naturaleza caída, es libre para caminar según la voluntad del alma no redimida. Al hombre le gusta sentirse líder para tomar decisiones propias sin consultar con Dios.

> **Mientras que el que escoge el camino angosto, tendrá que negarse a sí mismo, a sus propios placeres personales, para agradar a Dios. Jesús dijo: el que quiera ser mi discípulo tome su cruz y sígame.**

Tomar la cruz de Cristo es aceptar voluntariamente la negación de las cosas que estorban en el caminar cristiano. Eso significa doblegar la propia voluntad humana para escoger hacer la voluntad de Dios, (ella siempre será buena, agradable y perfecta). El que toma esta decisión es sabio y alcanzará la gracia de Dios.

Dios te da la oportunidad a escoger entre la vida y la muerte, entre el camino ancho y el angosto, entre la maldición y la bendición. Es una decisión que tú debes de tomar. ¿Qué vas a decidir? el camino que Él ya tiene preparado para ti, o seguirás andando por el que tú quieras ir? Dios mismo colocó las dos alternativas para que el pueblo de Dios escogiera el camino a tomar. Eso está escrito en Deuteronomio 11:26-29, cuando dice: *"He aquí yo pongo hoy delante de vosotros la bendición y la maldición: la bendición, si oyereis los mandamientos de Jehová vuestro Dios, que yo os prescribo hoy, y la maldición, si no oyereis los mandamientos de Jehová vuestro Dios."*

También el apóstol Pablo exhorta sabiamente diciendo: *...No os conforméis a este siglo, sino transformaos por medio de la renovación de vuestro entendimiento, para que comprobéis cuál sea la buena voluntad de Dios, agradable y perfecta. Romanos 12:2.* Muchos aún no se han decidido todavía y otros miran lo que dejaron atrás; por eso es importante hoy tomar la mejor decisión.

> **Cambiar la forma de pensar haciendo un giro total en las decisiones incorrectas, puede tornarte la maldición en bendición para el resto de tu vida.**

Escogiendo Correctamente el Camino que Lleva a la Bendición

Dios mismo le da al hombre el derecho de escoger lo que quiere hacer. Sin embargo, el no hacer la voluntad de Dios, eso abrirá puertas para caer en maldición. Cada maldición, es un mandamiento de Dios sin cumplir. Es importante entender que en el momento que se desobedece, se activa la maldición, mas a la vez cuando se obedece se activa la bendición.

▪ Leamos las causas por la cual una persona cae en maldición:

- Maldito todo el que talle o funda un ídolo y lo erija en secreto. Esos ídolos, productos de artesanos, son detestables al Señor.

- Maldito todo el que deshonre a su padre o a su madre.

- Maldito todo el que robe terreno a su vecino cambiando de lugar los límites de su propiedad.

- Maldito todo el que desvíe a un ciego de su camino.

- Maldito todo el que se niegue a hacer justicia al extranjero, al huérfano o a la viuda.

- Maldito todo el que tenga relaciones sexuales con alguna esposa de su padre, porque ese acto es una deshonra al padre.

- Maldito todo el que tenga relaciones sexuales con un animal.

- Maldito todo el que tenga relaciones sexuales con su hermana, tanto por parte de padre como de madre.

- Maldito todo el que tenga relaciones sexuales con su suegra.

- Maldito todo el que ataque a su vecino en secreto.

- Maldito todo el que acepte un pago para matar a un inocente.

- Maldito todo el que no acepte ni obedezca las condiciones de estas instrucciones.

No se puede vivir ignorando la voz de Dios, el conocerlas traerá a tu vida paz y prosperidad, cada una de ellas es importante para considerar, ya que en las mismas se esconde la justicia de Dios.

¡Evita caer en maldición desobedeciendo a Dios! Y si en tu vida hay una puerta abierta, arrepiéntete y apártate del mal para ser bendecido en todos tus caminos y todo te saldrá bien.

Andando Bajo Maldición

2

Rechazar la Palabra de Dios Trae Condenación

Para poder entender cómo una maldición alcanza a una persona o a una generación, analicemos el libro de Números 15:31, donde se encuentra la clave del porqué un individuo puede caer en maldición por su propia voluntad. Por supuesto que nadie quiere vivir en maldición, pero la ignorancia acerca de los principios divinos conducen a millones de personas a quedar ciegas acerca de la verdad y a ser esclavas de la paga del pecado y de la muerte.

> **La desobediencia sea por desconocimiento o por placer personal, es el vehículo que conduce a uno mismo a caer prisionero bajo maldición.**

Dios le dio mandamientos precisos a Moisés en el monte Sinaí hace mucho tiempo atrás, sin embargo, nadie tiene excusa de no conocerlos. Dios mismo se encargó que quedaran escritos en la Biblia, la Palabra de Dios, para conocimiento de toda la humanidad. ¿Quién no conoce los diez mandamientos? Si alguien los ignora lo hace conscientemente. Todo el consejo de Dios fue escrito para el bien del hombre. Adicionalmente, a los diez mandamiento, Dios le dio a Moisés muchas mas instrucciones para el bien del hombre. Los que no leen la Palabra ignoran todos los demás mandamientos, pero ellos fueron escritos para bendecir al hombre tanto en lo personal, como familiar. Aún en su relación matrimonial Dios hizo las reglas para mantener una sana relación para la salud emocional en el área sexual.

También hay una serie de leyes para la siembra y la cosecha para que esta fuera abundante y bendecida. El cuidado de la tierra para que sea fructífera con su descanso cada siete años. También podemos leer todo lo relacionado acerca de la salud y la buena alimentación; todo lo relacionado con las plagas y las enfermedades contagiosas. Y sobre todo, lo más importante de como presentarse delante de Dios para darle ofrendas de reconocimiento y gratitud por lo recibido de su parte.

> **El hombre por ignorar la ley de Dios cae en traumas, dolor, y enfermedades que se podrían evitar.**

El ignorar o rechazar la Palabra de Dios produce el mismo efecto que el desobedecer y abrir puertas al pecado. Leamos entonces: *"Por cuanto tuvo en poco la palabra de Jehová, y menospreció su mandamiento, enteramente será cortada esa persona; su iniquidad caerá sobre ella."* Números 15:3. Eso da a entender que el *"tener en poco"* la Palabra de Dios o restarle valor por no considerar importantes sus mandamientos, hace que una persona sea cortada del pueblo. Eso significa que cae sobre esa vida, su propia iniquidad.

> **La persona vuelve al punto de iniquidad en la cuál fue formada en pecado, sin que su maldad hubiese sido nunca quitada.**

El alma entra a ser maldecida por la consecuencia de no obedecer a Dios. Ese acto se llama *"invalidar una norma o violar el pacto."* Para entenderlo mejor podemos leer en Levítico 26:15-16... *y si desdeñareis mis decretos, y vuestra alma menospreciare mis estatutos, no ejecutando todos mis mandamientos, e invalidando mi pacto, yo también haré con vosotros esto: enviaré sobre vosotros terror, extenuación y calentura, que consuman los ojos y atormenten el alma; y sembraréis en vano vuestra semilla, porque vuestros enemigos la comerán.*

En este texto Dios mismo habla claramente que todo aquel que desdeña, desaíra, desatiende o desprecia lo que Dios ha establecido para el hombre, recibirá su consecuencia. Eso expone al hombre a que Dios le de la espalda. *"...y si desdeñareis mis decretos..."* dice. La palabra "desdeñar" en hebreo es *[ma'ac]* y significa: despreciar, rechazar. Esta misma palabra la encontramos en 1 Samuel 10:19 y se refiere así: *"Pero vosotros habéis desechado [ma'ac] hoy a vuestro Dios, que os guarda de todas vuestras aflicciones y angustias."*

> **El patrón se torna en un círculo vicioso el hombre rechaza a Dios y éste se aparta de Él. El que pierde es el hombre porque sin Dios no es nada.**

El despreciar la palabra y no hacerla, se compara al pecado de brujería. *"...Porque como pecado de adivinación es la rebelión, y como ídolos e idolatría la obstinación. Por cuanto tú **desechaste** [ma'ac] la palabra de Jehová."* 1 Samuel 15:23

Dios le dio el privilegio al hombre de poseer una voluntad propia, con la cual él puede decidir que hacer o que no hacer, a quien adorar, a Dios o a satanás, el hombre es el que decide.

Este tema sigue la misma línea de pensamiento de Números 15. Dios y su ley se compenetran en uno solo, por eso no se pueden separar. Él verbo es acción, y es Jesucristo mismo, Él es el Dios y Dios es en Él. La Palabra que sale de su boca es su propia acción y verdad, porque es su misma personalidad, moral y carácter (Juan 1).

> **Ciertamente el obedecer es mejor que los sacrificios... Es necesario obedecer a Dios antes que a los hombres.**

Si el hombre resiste la norma de moral de Dios, lo rechaza a Él mismo, y eso es comparado a la rebelión que a la vez pasa a ser, adivinación.

Porque como pecado de adivinación es la rebelión, y como ídolos e idolatría la obstinación, 1 Samuel 15:23

En Levítico 26:16 en adelante se encuentra la lista de las maldiciones que caen sobre el hombre por rechazar sus mandamientos. Por supuesto que nadie quisiera tener sobre si, ni siquiera una de ellas, sin embargo esta claro el significado de los versos a continuación: *...yo también haré con vosotros esto: enviaré sobre vosotros terror, extenuación y calentura, que consuman los ojos y atormenten el alma; y sembraréis en vano vuestra semilla, porque vuestros enemigos la comerán.*
Nadie necesitaría ayuda si siempre hiciera bien las cosas, pero cuando alguien tropieza con una de éstas verdades, el alma se siente desnuda delante de Dios, y solo Él puede cubrir la desnudez del pecado. Solo la necesidad personal hace consciente al alma que necesita una ayuda, y que nadie por sí mismo, la puede alcanzar.

> **El propósito de Dios siempre fue**

bendecir a sus criaturas.

El hombre definitivamente al tener la decisión de hacer su propia voluntad, determinó darle la espalda a Dios y elegir su propio camino, el de la maldad y el error. En Levítico 26:23 dice que si el hombre no esta de acuerdo con Dios automáticamente está en oposición contra Él.

Es importante que te detengas un momento y medites en tus caminos.

Nadie quisiera caer bajo maldición, pero a veces las circunstancias de la vida hacen endurecer el corazón y enceguecer la vista espiritual para no entender. Dios está interesado en que todos sean libres de las maldiciones en que se encuentran, y más aún las que afectan el alma.

Respondamos entonces una pregunta: ¿estamos ahora viviendo bajo la ley de Moisés? no, ahora es el tiempo de la gracia. Simbólicamente del monte Sinaí, Jesucristo nos pasó al monte Calvario. El monte de la ley es juicio mas el del calvario misericordia. Por eso si eres cristiano sabrás que: "el vivir en tus propios caminos te separa de Dios, mas tú siempre querrás agradar aquel que por amor, murió por ti."

Porque separados de mí nada podéis

hacer. (Jesús)

El mensaje es claro, "para que una persona entre en la plenitud de la bendición de Dios tiene que ser obediente a su Palabra." ¿Cómo se puede entonces vivir en un cuerpo de carne, sin pecar? Para eso murió Cristo, para que anduvieras bajo la ley del Espíritu y no bajo la ley del pecado. *Porque la ley del Espíritu de vida en Cristo Jesús me ha librado de la ley del pecado y de la muerte.* Romanos 8:2. Porque su amor nos cautiva por eso no le podemos fallar.

"Hijitos míos, estas cosas os escribo para que no pequéis; y si alguno hubiere pecado, abogado tenemos para con el Padre, a Jesucristo el justo." 1 Juan 2:1

El transgredir la ley, es ignorarla y eso es peligroso. Este acto se convierte en la acción, que se hace en contra de una norma establecida; porque se ha pasado por alto, sin darle el valor que ella se merece. Por tal razón no debes ignorar las leyes espirituales, que son las puertas abiertas que te traen maldición.

Es importante que recuerdes este principio: "no es la ley de Dios en sí, lo que al hombre le ha traído maldición, sino el desobedecerla y no cumplirla."

Ese es el punto en el cual el hombre comete pecado, lo que genera una maldición. Es importante que recuerdes este principio.

El Apóstol Pablo a los Romanos lo explica muy bien cuando se refiere que la ley de Dios revela nuestro pecado cuando afirma: *...Ahora bien, ¿acaso sugiero que la ley de Dios es pecaminosa? ¡De ninguna manera! De hecho, fue la ley la que me mostró mi pecado. Yo nunca hubiera sabido que codiciar es malo si la ley no dijera: No codicies.* Romanos 7:7 NTV

> **El que ama a Dios ama sus mandamientos y el Espíritu de Dios nos ayuda en nuestras debilidades.**

Por lo cual, por amor a Cristo me gozo en las debilidades, en afrentas, en necesidades, en persecuciones, en angustias; porque cuando soy débil, entonces soy fuerte. 2 Corintios 12:10

Hay personas víctimas de las maldiciones generacionales que hoy en día sufren sus consecuencias. Analiza cada frase y reconoce si en tu vida alguna vez has sido víctima de estar bajo:

- Terror o pánico.
- Síndromes o enfermedades crónicas.
- Trabajar en vano sin ver prosperidad.

- Caer bajo el ataque de quienes te rechazan constantemente.
- Ser reducido en número familiar.
- Estar andando en un desierto o en lugares secos espiritualmente donde no hay vida de Dios.
- Estar siempre bajo problemas y bajo tensión.
- Vivir sin esperanza o muerto espiritualmente.

Pero hay buenas noticias para ti, el alinearte con Dios a través del arrepentimiento, te llevará a la libertad de la paz con Dios. El reconocer la verdad desde el punto de vista de Dios y no desde la perspectiva tuya te traerá cambios.

Jesús es el único mediador que Dios Padre ha provisto para salvarte y liberarte de las maldiciones, sólo tienes que aceptar a Cristo y leer su Palabra para ponerla por obra.

Camino de Maldición o Bendición

3

No Te Harás Imagen

Uno de los diez mandamientos dados por Dios a Moisés en el monte santo fue: *No te harás imagen... No te inclinarás a ellas, ni las honrarás; porque yo soy Jehová tu Dios, fuerte, celoso, que visito la maldad de los padres sobre los hijos hasta la tercera y cuarta generación de los que me aborrecen, y hago misericordia a millares, a los que me aman y guardan mis mandamientos.* Éxodo 20:4-6

> **El tener imagen y adorarla abría la puerta para que pasara la maldición a su generación.**

El mismo Apóstol Pablo exhorta cuando escribe: *Ustedes saben que, cuando todavía eran paganos, fueron llevados por mal camino y arrastrados a rendir culto a ídolos mudos.* 1 Corintios 12:2 NTV

Los "malos caminos" se refiere a no estar en los caminos de Dios, sino caminar sin rumbo y como un errante. En este momento en todo el mundo hay millones de personas esclavas a la idolatría y a la hechicería; naciones enteras que han sido maldecidas a consecuencia de hacer lo contrario al plan original de Dios.

> **El hombre se ha olvidado de uno de los mandamientos mas importantes: "*al Señor tu Dios honraras y a Él solo servirás.*"**

La proliferación de la idolatría ha hecho que los pueblos carguen con un sin número de maldiciones que están arrastrando hasta el día de hoy, trayendo consecuencias trágicas a la misma humanidad. Cuando Dios advierte que la idolatría trae consecuencias irremediables de pobreza y miseria generacional, es para que el hombre vuelva su rostro, al único creador y verdadero Dios. Él está revelando que solo hay un Dios fiel, que no se puede comparar con nada en este mundo.

…El que tiene mis mandamientos y los guarda, ese es el que me ama, y el que me ama, será amado por mi Padre, y yo lo amare y me manifestare a él. Juan 14:21

El pueblo de Israel debía de temer a Dios y por esa reverencia era que cumplirían con los mandamientos expuestos. A medida que pasaba el tiempo y Dios levantaba siervos, jueces, o profetas, ellos pudieron ver sus milagros y a la vez sus juicios. El temor que Dios requería de ellos, debía ser por amor a quien los escogió por encima de las otras naciones.

> **Pero Israel ataba las manos de Dios para bendecirlos, al rehusarse obedecer su Palabra. Por esa causa la bendición no podía llegar a ellos.**

Algunos de los judíos tal vez dirían: "...una vez que entremos en la tierra prometida, viviremos como nos plazca y sin problemas, disfrutaremos de su abundancia."

No podía ser así, porque la tierra prometida no era como Egipto. En Egipto la gente dependía del río Nilo para irrigar sus sembrados; pero en Canaán las lluvias vendrían del cielo, dos veces al año para darle al pueblo las cosechas que necesitaban. La productividad de la tierra prometida dependía de la lluvia del cielo, así como nosotros hoy dependemos de las lluvias de bendición, si queremos que nuestras vidas sean fructíferas para Dios. Si Israel desobedecía, Dios no enviaría la lluvia deseada, suceso que se repitió varias veces en la historia de la nación. El tiempo de la decisión había llegado. Tenían que escoger entre una bendición y una maldición.

> **Este principio básico nunca ha cambiado, si obedeces la Palabra de Dios de todo corazón, Él bendecirá tu familia y las obras de tus manos; pero si le desobedeces, quedas expuesto a ser**

cautivo por la maldición.

Recuerda esto: "en todo momento la obediencia es la clave de la felicidad y victoria total."

Sufriendo Por las Maldiciones Generacionales

Hay momentos en la vida que te parece que se repite en ti lo mismo que a un familiar cercano le sucedió. No sé si te ha pasado alguna vez, que hay cosas que te suceden y te hacen pensar: "...*pero, si esto mismo le pasó a mi papa y a mi abuelo.*" Algo así como que vuelves a recordar una escena por la cual tu padre o madre habían transitado antes. A veces haces comparaciones con tus antepasados, que posiblemente ya no están en esta tierra porque han fallecido.

La Biblia nos habla de mandamientos otorgados por Dios. El Señor habla de lo que significa el pecado de la idolatría, y que maldición produce en los seres humanos que la practican.

Dios habla también de cuáles serán las consecuencias de las acciones que afectarán no solo tu vida sino a tus generaciones futuras. Es vital entender que lo que decidas hoy afectaría tu futuro. La Biblia dice que podemos ser un canal de bendición a través de mil generaciones, o también podemos ser un canal de maldición a través de cuatro generaciones; es decir más de doscientos años.

> **Lo que se sembró negativamente se traspasara de una forma terrible con repercusiones lamentables.**

Si un padre fue alcohólico, el hijo será más alcohólico porque cuando la maldición pasa de una generación a otra, el efecto que ésta tiene en esa persona tendrá una consecuencia más fuerte, ya que hay una fuerza de legiones de demonios que son activados con mas poderío, y a medida que pasan estas maldiciones de generación en generación, se van haciendo más fuertes.

Muchas veces sin saberlo, las personas están afectadas por profundos problemas que son producto, nada más ni nada menos, que de maldiciones que pasaron a sus vidas por medio de sus ancestros.

Familiares que eran idólatras, otros que practicaron toda clase de ocultismo haciendo hasta inclusive pactos con las tinieblas; muchos de ellos pudieron abrir puertas de pecado por consultar la cartomancia, la adivinación, o practicar brujería y espiritismo; desgraciadamente esas prácticas traen a los hijos desdichas y aflicción, y muchas veces los llevan a condiciones de rebelión contra Dios. Es por estas razones que la sociedad de estos tiempos, va arrastrando cadenas y cadenas de maldición tras maldición generacionalmente.

El Necio y el Entendido

Cada maldición se mueve dentro de un área. Dice un Proverbio, *que el necio no sabe identificar lo bueno de lo malo*. El necio es una persona que no tiene entendimiento ni sabiduría. El necio no aprende de las experiencias; el solo se mueve de acuerdo con la necesidad del momento.

En la Biblia dice que el necio no es una persona inteligente; no sabe cómo reaccionar, y vive de acuerdo con lo que ve hacer a los demás. A él se le pregunta, ¿porque haces eso?, y él responde porque los demás lo hacen, y si se le dice ¿porque vas a tal sitio? El responde porque allá van todos.

La palabra "malo" viene del original griego que significa /*kakos*/ e indica ausencia en una persona, o cosa de aquello de lo que debería estar poseída. También significa: malo en carácter y en moralidad, tanto en pensamiento, sentimiento como accionar. Este estado de maldad y necedad tiene que ver con pensamientos, conversaciones, malas compañías y deseos impuros. A los que les gusta estar con este tipo de personas es porque su condición de necedad está ligada a la maldad. Un hijo de Dios no puede estar bajo ninguna circunstancia asociado con aquellos que pueden afectar su condición espiritual delante de la presencia de Dios.

Renovando el Pacto con Dios

Ordenó Moisés, con los ancianos de Israel, al pueblo, diciendo: Guardaréis todos los mandamientos que yo os prescribo hoy. Y el día que pases el Jordán a la tierra que Jehová tu Dios te da, levantarás piedras grandes, y las revocarás con cal; y escribirás en ellas todas las palabras de esta ley, Y escribirás muy claramente en las piedras todas las palabras de esta ley. Deuteronomio 27: 1-3

Dios le ordenó a Moisés que cuando poseyeran la tierra prometida, (antes de tomarla) recordaran la ley de Dios y renovaran nuevamente el pacto con El. Este acto tendría que hacerse al pie del monte Ebal. Josué debía levantar un altar con grandes piedras revocadas, sobre las cuales debían escribir la ley de Dios. Estas piedras serían testigos como recordatorio a Israel del pacto que hicieron delante de Dios, de no apartarse de Jehová ni de su ley. Moisés ordenó que seis de las tribus hebreas (Rubén, Gad, Aser, Zabulón, Dan y Neftalí) se debían reunir en las faldas del monte Ebal y pronunciar las maldiciones que alcanzarían aquellos que fueran transgresores de la ley

(Deuteronomio 28:15). Las otras seis tribus se debían reunir sobre las faldas del monte Gerizim y pronunciar las bendiciones (Deuteronomio 28:1-15).

Después del fracaso en la ciudad de Hai, Josué hace reflexionar a todo el pueblo de la importancia de renovar el pacto con Dios y recordar que la maldición y la bendición siempre estarían presentes delante de ellos; pero el guardar su palabra era tan importante como el creer que eran pueblo de Dios. Josué renovó el pacto delante del arca y de los sacerdotes, levitas y todo el pueblo levantando ofrendas de paz delante del Señor, tal como Moisés se lo había ordenado.

> **Antes de toda conquista tenemos que recordar que el cumplir sus palabras trae vida y por esa causa estaremos listos para vencer a Satanás para que nunca nos toquen las maldiciones.**

Jesús murió en el monte calvario, para abolir las maldiciones pronunciadas en el monte Ebal. Jesús abolió, la maldición de la ley haciéndose el mismo maldición. Sin embargo el acto de "renovación de pacto" que hizo Josué, te recuerda que si desobedeces y te apartas quedas expuestos a satanás y la paga del pecado que es muerte. ¡Nunca puedes ignorar esta gran verdad! Si meditas en esta escena bíblica, entenderás que a Dios le gusta que tú renueves el pacto con Dios. Eso te recuerda que Él es Santo y esa imagen verdadera de Él dentro de tu corazón, hará que siempre guardes el respeto y el temor hacia Él. ¿Estás dispuesto a hacer pacto con Dios, para romper las maldiciones en tu vida? Si tú sabes que tienes autoridad en el Nombre de Jesús, tú puedes romper todo tipo de maldición y comenzar una vida de bendición sobre tu generación. Te aseguro que si lo haces de corazón, tu vida va a comenzar a cambiar definitivamente. El Señor te dice hoy: ¡Voy a romper maldiciones generacionales que te han tenido atado en esta hora! Tú eres una criatura nueva en Cristo, tú no puedes seguir con la misma tradición de tu familia y ancestros, ¡rompe con toda maldición generacional en el Nombre de Jesús!. Cuando tú eres libre de la maldición generacional vas a tener tu propia identidad en Cristo.

Mantén en tu mente siempre que Él es Santo, para que el temor del Señor siempre esté en tu corazón. Hoy la verdad siendo una se mantiene en pie: solo por medio de Cristo y su poderosa sangre, no solo se puede ser redimido de la condenación por causa del pecado, sino de la maldición de la ley.

Porque Jehová oye a los menesterosos, Y no menosprecia a sus prisioneros. Salmo 69: 33

> **Te animo a que te levantes ahora mismo y reclames tu derecho legal del Nuevo Pacto que te pertenece por los méritos de Cristo y su sangre vertida por ti.**

Las Maldiciones del Rechazo

4

El Alma por Naturaleza es Carnal

...yo soy carnal, vendido al pecado. Romanos 7:14

Debes entender que cuando aceptas al Señor, Él proporciona la vida eterna; pero aunque esto es real aún tienes que seguir batallando en la tierra con un cuerpo terrenal que esta compuesto de un alma que siempre se inclina al mal. Todavía no tienes el cuerpo glorificado; por lo tanto seguirás cargando con una carne imperfecta. La definición de la palabra "carne" o "el hombre viejo" nacido de generación natural Adámica, la naturaleza sensual del hombre que incita al pecado, la naturaleza animal.

Se vive dentro un cuerpo que se cansa, que se enferma y sufre en dolor. Estamos hablando entonces de un cuerpo limitado por tiempo y espacio.

Un cuerpo que siempre tiende a caer en pecado, que le gusta la maldad, un alma y mente que persiste en la maldad. Serás atacado en dos áreas principalmente, y para ser vencedor debes de entenderlo bien. El enemigo tratará de hacerte caer en el área más débil de tu vida; principalmente en tus pensamientos. Tratará de tentarte en tu área vulnerable una y otra vez. El otro lugar en que serás atacado será en tus propios deseos naturales que son los que siempre se inclinan para el mal. Esta lucha te sobrevendrá y tendrás que pelear contigo mismo para doblegar los deseos pecaminosos, (el yo) que en resumidas cuentas es tu propia naturaleza caída; que muchas veces será la mas difícil de detectar porque es tan tuya como los espíritus familiares que te acompañan desde tu infancia.

Por eso la Biblia dice: "...*Bienaventurado el varón que haya soportado, la tentación porque después de ello recibirá recompensa*". El problema no es decir que no somos tentados, sino que cuando venga la tentación se pueda decir que se venció. Pablo lo dijo con estas palabras: "Todo lo puedo en Cristo que me fortalece."

Bienaventurado el que escoge entregarle al Señor su voluntad.

Aunque el caminar es estrecho con pruebas y luchas, hay que tener en cuenta que este es el único camino que te conducirá hasta las puertas de la vida eterna. Pocos son los creyentes que son conscientes de la guerra espiritual diaria que el alma batalla. Por tal razón debes ser consiente de la importancia de colocar continuamente la armadura de Dios, nombrada en Efesios 6:10. Cada parte es un arma de defensa para cualquier ataque del enemigo. En este caminar siempre se presentarán impedimentos, dudas y luchas para impedir el avance hacia la victoria espiritual. Pero el mantener cerradas las puertas y saber que hay una muralla de protección alrededor de ti, eso ter hará ser fuerte.

Analicemos el Rechazo

Muchos son los que se sienten rechazados continuamente; aunque cada caso es diferente, esto se debe a dos posibilidades. Uno es por las maldiciones generacionales. La criatura sufre el rechazo desde el vientre de su madre. Otro desde la niñez o juventud temprana por diferentes circunstancias de la vida.

> **El rechazado siempre actuará a la defensiva otras veces se encerrará en sus propios problemas, no dejando que nadie le ayude.**

La persona que vive constantemente bajo la influencia del rechazo no se da cuenta que la mayoría de las veces ellos mismos son los que repelen a quienes se les acercan. Este acto es inconsciente y la persona lo usa como un medio de protección para evitar que nadie los pueda herir.

Los que han sido víctimas del rechazo agudo, siempre tienen la tendencia de colocar una barrera para impedir que alguien se les acerque; ellos mismos creen inconscientemente que nadie los entiende. Por tal razón le cuesta trabajo dejarse abrazar o recibir afecto; mientras que a la vez son atormentados en sus propias mentes, afirmando que son los demás los causantes de su dolor. Ellos piensan que no son dignos de alcanzar la aceptación de los demás.

Como hemos dicho anteriormente, muchos son los que han sido rechazados desde el vientre; también por los genes se puede heredar el espíritu del rechazo. También hay otras causas:

> **Puede ser por ser aborrecido o haber sido engendrado sin la voluntad de sus procreadores; por violación, por nacer con el sexo no deseado, por ser engendrado por una madre soltera o por ser un hijo fuera del matrimonio.**

Lamentablemente la sociedad actual por tener un desequilibrio emocional que afecta seriamente a las familias, están reproduciendo hijos fuera del compromiso del matrimonio, criándose a la vez sin responsabilidad paternal.

> **Hoy son pocos lo padres comprometi-**

dos que están interesados en sacar tiempo para dejar legado en sus hijos.

Cada vez hay más hombres jóvenes que tienen hijos fuera del matrimonio, y niegan cualquier relación con la criatura. Eso afecta el crecimiento psicológico del niño, ya que solo ve una madre ejerciendo autoridad y así se va perdiendo la imagen del verdadero liderazgo. Un adolescente tiene que tener una buena imagen varonil para el ser ejemplar en las próximas generaciones.

Más y más son los rechazados que viven con el vacío del alma por no conocer sus verdaderas raíces familiares. Eso produce falta de identidad, vacío emocional, e inestabilidad. Por eso no es aceptable que el individuo desprecie la Palabra de Dios, porque es a través de ella que el alma es libre y encuentra la verdadera identidad en el Padre celestial.

La Palabra de Dios en el hombre y la mujer produce un cambio radical.

Cuando la persona persiste en rechazar a Dios y a su Palabra se comprueba que hay un corazón que ha sido herido, y que tiene espacios dentro de su alma que no han sido llenados. La falta de identidad de una persona rechazada provoca una crisis interna que abre el camino a la rebelión. Esa acción es peligrosa, porque es ahí donde se produce la dureza en el corazón del hombre.

En el evangelio de Mateo 5:25 dice: *"Ponte de acuerdo con tu adversario pronto, entre tanto que estás con él en el camino, no sea que el adversario te entregue al juez, y el juez al alguacil, y seas echado en la cárcel."*

Si se cree que Dios es el adversario, ¿porqué las personas huyen de Él? es mejor que cada uno se alinee y se ponga de acuerdo con Dios, antes que pueda ser entregado bajo la custodia del "verdugo vengador."

Hay que alinearse con Dios y ponerse de acuerdo con el liberador.

No se puede luchar contra Dios. El hombre debe arreglar sus cuentas como lo escribió Isaías.

"Venid luego, dice Jehová, y estemos a cuenta: si vuestros pecados fueren como la grana, como la nieve serán emblanquecidos; si fueren rojos como el carmesí, vendrán a ser como blanca lana." Isaías 1:18

Siempre Dios llamó al hombre. ¿Cuál señal usó? La cruz y la resurrección de Jesús su hijo, ese fue el acto mas glorioso lleno de amor para la humanidad. La cruz es la señal del amor de Dios para rescatar a todos aquellos que habían caído bajo maldición. Él abolió la maldición en la cruz para salvación de todos. Cristo nos redimió de la maldición de la ley, hecho por nosotros maldición.

"Porque está escrito: Maldito todo el que es colgado en un madero." Gálatas 3:13

> **La humanidad sigue rechazando a Jesús cada vez más, mientras que el mensaje de la reconciliación a través de la cruz, se sigue predicando en el mundo entero.**

El Corazón Malo
/RAH/

5

Conociendo el Significado de las Palabras Maldición en Hebreo

Estudiando la palabra maldición encontramos que la definición en la lengua hebrea son múltiples. Por tal razón dedicaremos unos capítulos para profundizar en particular en algunas de ellas. Es importante lo que se mueve detrás de cada significado entender con exactitud lo que es la acción de cada maldición y lo trascendental que puede llegar a ser, (el hecho que tiene consecuencias muy importantes, más de las que cabría esperar) debemos ir a la raíz del original del antiguo hebreo y allí encontraremos varias palabras que se mencionan, como para poder identificar los diferentes tipos y causas por la cual se activaron dichas maldiciones.

Analizaremos solamente seis de ellas:

1. **-Aor-** un manto de oscuridad cayo mientras el moría, para que hoy tuviéramos luz.
2. **-Qalal-** se hizo débil y pobre para hacernos ricos, conforme a sus riquezas en gloria.
3. **-Alah-** Él fue obediente y fiel, humillándose hasta la muerte y muerte de cruz, para romper la maldición de la desobediencia, para

que mediante su obediencia fuéramos bendecidos.
4. **-Arar-** fue desechado y humillado por los hombres. No había en el parecer alguno, rechazado y despreciado, para que ya el hombre no cargue esta condición, sino que sea amado y aceptado por el Padre y por los que le rodean. (Isaías 53)
5. **-Kjerem-** Él murió en nuestro lugar. Todos merecíamos morir por transgredir su ley. Mas Él tomó el lugar para dar vida al que no tenía y vida en abundancia (que es la eterna).
6. **-Nacab-** Esta fue una de las maldiciones más fuertes que Él llevó en la cruz; sus manos y sus pies horadados por los clavos; su costado traspasado por una lanza. Su cuerpo fue marcado para que nosotros no sufriéramos esta maldición. Él pudo arrancar para siempre la maldición /*nacab*/ en la cruz del calvario a través de las heridas de los clavos y la lanza que perforaron su cuerpo. Esta sexta maldición significa "lleno de huecos" ella hace que una persona, ciudad o pueblo este siempre expuesto a la violencia, muerte por navaja blanca, o balas que perforan el cuerpo. Esta maldición cuando viene sobre una familia, o región, hace que todo se arruine, mientras que la bendición se va. Tal

como dice la Biblia cavaron para sí, cisternas rotas, (que no retienen las aguas). *Porque dos males ha hecho mi pueblo: me dejaron a mí, fuente de agua viva, y cavaron para sí cisternas, cisternas rotas que no retienen agua.* Jeremías 2:13

Conociendo el Significado de la Palabra Malo

*Pero os dirá: Os digo que no sé de dónde sois; apartaos de mí todos vosotros, hacedores de **maldad**.* Lucas 13:27

Antes de comenzar con las maldiciones se debe analizar la acción de la palabra: malo, ser malo, algo malo; maldad. La palabra "malo", viene de la raíz en hebreo #7451-[rah]- que significa: a) adversidad, aflicción, agravio, calamidad, calumnia, desastre, desgracia. b) maligno, injusto, feo, perversidad. También ésta palabra [rah] tiene que ver con maldición por: Corrupción y violencia; o pecados de inmoralidad progresiva.

*…Y vio Jehová que la **maldad** de los hombres era mucha en la tierra, y que todo designio de los pensamientos del corazón de ellos era de continuo solamente el **mal**. Y se arrepintió Jehová de haber hecho hombre en la tierra, y le dolió en su corazón.* Génesis 6

De todo el relato queremos destacar la frase que dice: ...*Y dijo Jehová: Raeré de sobre la faz de la tierra a los hombres; pues me arrepiento de haberlos hecho.*

Jehová observó las intenciones de los habitantes de la tierra, así es hoy en día, el corazón del hombre está inclinado solo en hacer el mal. Indudablemente, en aquellos tiempos la maldad de los hombres había aumentado en la tierra por causa de sus deseos pecaminosos. Dios miraba con dolor esa situación en su creación, por eso dijo: ...*me arrepiento de haber creado al hombre porque su corazón es de continuo al mal.*

Cuando Dios dijo que se arrepentía de haber creado al hombre, fue por causa del mal camino que el hombre escogió.

> **No sólo la maldad de los hombres era grande en ese tiempo; hoy en día estamos en esa misma situación o peor. El hombre definitivamente le ha dado la espalda a Dios.**

¿Qué Encontró Dios Cuando Miró la Tierra?

En el capítulo 5 del Génesis encontramos la narración de la generación de Set, (hijo de Adán y Eva), hasta Noé. Cada una de éstas generaciones fueron bendecida porque le creyeron a Dios y marcaron la diferencia. Noé halló gracia ante los ojos de Dios por eso fue llamado, "justo". Él era descendiente directo de su bisabuelo Enoc, (el hombre que caminó con Dios). Miremos lo que nos dice Génesis 5:24. ...*Caminó, pues, Enoc con Dios, y desapareció, porque le llevó Dios. Por la justicia de ellos los demás hombres empezaron a invocar a Dios, sobre la faz de la tierra.* Esto nos habla de la importancia de caminar con Dios para tener una identidad invariable, y saber que se es, escogido, en medio de una generación perversa para influenciar el bien a muchos.

> **A pesar de que nos hallemos en medio de una civilización corrupta; Dios busca corazones que le agraden a Él. Sabemos que sí los encuentra; y tú puedes ser uno de ellos.**

Mientras que la generación de Caín, vio Dios que se destruían mutuamente. Piensa por un momento como debían ser esos días, cuando dice la Biblia que ángeles caídos codiciaron a las mujeres y bajaron a la tierra para tener relaciones con ellas. Estos actos contaminaron más aún la creación de Dios. Lamentablemente estas acciones no fueron solamente antes del Diluvio, una y otra vez se repitieron aún después de que Dios mandara juicio sobre ellos. Ciudades enteras cayeron siglos después en corrupción como lo fueron Sodoma y Gomorra. Dice la Palabra que el humo de su pecado llegó hasta los cielos. Cada uno usaba su desenfreno y libertinaje; pecando contra su propio cuerpo.

Pablo explica con un lenguaje sencillo pero contundente, acerca de eso en Romanos 1:24-27: *Entonces Dios los abandonó para que hicieran todas las cosas vergonzosas que deseaban en su corazón. Como resultado, usaron sus cuerpos para hacerse cosas viles y degradantes entre sí. Cambiaron la verdad acerca de Dios por una mentira. Y así rindieron culto y sirvieron a las cosas que Dios creó pero no al Creador mismo, ¡quien es digno de eterna alabanza! Amén. Por esa razón, Dios los abandonó a sus pasiones vergonzosas. Aun las mujeres se rebelaron contra la forma natural de tener relaciones sexuales y, en cambio, dieron rienda suelta al sexo unas con otras. Los hombres, por su parte, en lugar de tener relaciones sexuales normales, con la mujer, ardieron en pasiones unos con otros. Los hombres hicieron cosas vergonzosas con otros hombres y, como consecuencia de ese pecado, sufrieron dentro de sí el castigo que merecían.*

No se debe de olvidar que el hecho más fundamental de Dios crear al hombre, era para ser portador de su imagen, señorear sobre lo creado y para procrearse con el fin de llenar la tierra, (éste fue el medio perfecto y viable para que el hombre formara una familia).

> **El tirar la semilla en el huerto correcto hace que ésta crezca y lleve fruto; más el tirar la semilla en el basurero, la tierra queda infértil.**

La voluntad de Dios fue la multiplicación, el hombre no decide por la semilla, ¡la orden fue de multiplicarse!. Dios le dio a la mujer el huerto que es su vientre para que fuera sembrado y diera a luz hijos. Esa fue la relación correcta dada por Dios para bendición entre el hombre y la mujer. La bendición está en la obediencia, fuera de esto la persona cae en maldición. ...*y Dios los bendijo.* Génesis 1:22,28.

Sin embargo analizando cuidadosamente más este tema, nos encontramos con la contaminación que trajeron los /elohims/ o ángeles caídos, a las mujeres a quienes les enseñaron el arte, la magia y también toda tipo de seducción y placer lujurioso. Estas relaciones trajeron maldición y contaminación a la raza humana, que se desvió en placeres estériles contrarios a la decisión de Dios.

Hoy la humanidad esta pasando por la misma situación que miles de años atrás. Esto se ve comparado con las palabras de Jesús cuando dijo: *Mas como en los días de Noé, así será la venida del Hijo del Hombre.* Mateo 24:37. Mateo compara "los últimos días" como los tiempos en que Noé se movía en medio de la perversidad y lujuria. El final de ellos fue trágico. La humanidad está en peligro nuevamente; Dios puede actuar en cualquier momento como lo hizo en aquellos días.

> **El pecado de perversidad así como el de las pasiones vergonzosas, trae como consecuencia la maldición [*rah*].**

¿Cuáles son los pecados ligados al mal? Los pecados que están relacionados con la perversión sexual. Relaciones extramaritales, incesto, abuso de menores, pornografía, inmoralidad, lujuria, y todo lo que corroe la pureza por la cual Dios constituyó el sexo en el matrimonio.

Hoy como ayer vemos manifestarse esta misma condición en el hombre, siempre amó el liberalismo y no dejó que la ley divina lo gobernara, porque amó mas la maldad que a su creador. Dios hizo al hombre para que sea sano y completo desde su nacimiento. Aquellos que han caído en la trampa del enemigo se excusan diciendo: "yo nací así"; quizás fue porque en su adolescencia sintieron una inclinación a experimentar nuevas formas de hacer las cosas, pero eso no justifica que Dios los hizo así. Aunque se pudiera demostrar que la genética desempeña un papel importante en el sexo de la persona, eso igual no probaría el estilo de desviación en que muchos decidieron escoger.

El Corazón Malo /Rah/

> **En aquella época Dios encontró hombres que si abrazaron la obediencia; tu debes marcar la diferencia también como ellos.**

Enoc, Noé, Lot y Abraham, se destacaron porque fueron hombres que hallaron gracia delante de los ojos de Dios; eso significa que Dios los vio caminando en su temor y obedeciendo sus mandamientos. Ellos determinaron en su corazón y en sus acciones ser diferente a los demás.

La maldad [*rah*] dentro del corazón del hombre activa la violencia. La palabra violencia es */Jamaz/* en el original griego y quiere decir: ahorcar, tomar por el cuello, asfixiar.

¿Cómo se Activa esta Maldición?

Por la contaminación que corroe las buenas costumbres. La palabra corrupción es */shajat/*. Esta palabra significa, dañar, estafar, robar, defraudar; cuando se hiere un alma con la corrupción sexual a través de incesto, violencia o violación sexual, eso hace que se active inmediatamente esta maldición.

> **El ser humano se puede esconder de su conyugue, los amigos, el jefe, su fami-**

lia, pero de Dios nadie se esconde.

Observemos el desarrollo desde el principio que sucede cuando una persona es abusada mentalmente o físicamente y las consecuencias que le siguen.

Cuando alguien viola un niño o niña esta robando la inocencia, la felicidad; esta quebrando una ley espiritual que le producirá grandes dificultades en la vida. Esta dañando un corazón para siempre. El espíritu de orgullo y perversión hace que un hombre ya sea un sacerdote, un pastor o un padre de familia, esté ciego y se comporte con infamia; sin medir las consecuencias futuras que acarreará la víctima.

Esta persona esta actuando bajo la influencia de [rah] que es la perversión, en vez de ser libre de ella, sigue ejerciéndola y trasmitiéndola a otros, no importándole el dolor que sigue causando a niños o jovencitos inocentes. La víctima quedará herida en el alma. Callará siempre por el temor de la amenaza del violador. Esa acción fue como un cuchillo clavado; aunque quiere quitárselo no puede, pues le ha ocasionado una gran herida, causándole un trauma emocional. (Quiere desahogarse y no puede por el temor del que dirán). En el corazón comienza a crecer un gran rencor, por la vida y por aquellos que estando cerca, mas bien no lo ayudaron, para evitar esa situación. Todo esto producirá amargura y odio hacia el abusado y una herida abierta. Eso conducirá a una gran falta de perdón en la cual el alma queda cautiva en el inconsciente como el caer en un pozo oscuro.

> **La contaminación sexual a través del espíritu de *perversión* es el arma que usa satanás para abrir brechas de dolor en el alma.**

La mayoría de las veces si no se perdona y se sana las heridas a tiempo, se convierten en cárceles profundas como cuevas en el alma, como hemos explicado donde los demonios de tormento herirán a la víctima continuamente, con pensamientos de temor y acusación.

> **Así trabaja el enemigo en el mundo espiritual dentro del inconsciente del niño cuando es violado, abandonado o ha tenido una herida profunda sin entender en la etapa de la inocencia.**

Sin darse cuenta entrará en la fase de no perdonar. Acerca de la falta de perdón tenemos una palabra escrita en Mateo 18:28-30 y dice así: *Pero al salir aquel siervo, encontró a uno de sus consiervos que le debía 100 denarios (mas o menos como el salario de cien días), y echándole mano, lo ahogaba, diciendo: Paga lo que debes." "Entonces su consiervo, cayendo a sus pies, le suplicaba: Ten paciencia conmigo y te pagaré. "Sin embargo, él no quiso, sino que fue y lo echó en la cárcel hasta que pagara lo que debía.*

Cuando leemos esta historia nos damos cuenta de alguien que fue perdonado por Dios pero a la vez no quiso perdonar al deudor. Al contrario lo tomó por el cuello y lo entregó a los verdugos (demonios que tienen derecho legal de aprisionar el alma por causa de la falta del perdón) Este hombre estaba destinado a ser libre, pero la falta de perdón, lo redujo a esclavitud.

Otra de las puertas que se abren para entrar en la maldición [rah] es a través de las relaciones o asociaciones frecuentes con amigos inconversos.

> **La maldición [rah] se hizo activa en la Biblia, cuando los hijos de Dios comenzaron a tener relaciones sexuales y amistad con la gente idolatra y corrupta. Activando así la maldición por la complacencia de amigos inconversos.**

¿Qué es estar complacido? Satisfacción o el agrado que siente una persona hacia otra. El problema es cuando un creyente se siente más complacido de estar con los inconversos que con los de su misma fe; por ejemplo, con sus compañeros inconversos del trabajo, o amigos de la escuela o universidad.

Cuando un cristiano se siente mejor, con una persona no conversa al evangelio que con los creyentes, algo realmente está disfuncional en él. A medida que se tiene más comunión con los incrédulos, y se empieza a compartir mas tiempo con ellos, poco a poco, sus costumbres, su forma de hablar y de pensar, y la influencia que ejercerán las reuniones, las discotecas o clubes nocturnos y sitios exclusivos para hombres y mujeres, contristara al Espíritu de Dios y se apagara el fuego de la llama por la pasión a Cristo; comenzando de esta forma a tomar dominio las cosas de la carne alimentadas por la naturaleza caída, tanto de la mente como del corazón.

> **Se supone que los hijos de Dios han sido escogidos para ser santos, separados del mundo y de la perversión.**

Pregúntate a ti mismo ¿quiénes son tus amistades? ¿Te sientes mejor saliendo con los amigos inconversos, que con los creyentes? El Apóstol Pablo dice: ¿Que comunión tiene la luz con las tinieblas? ¿Cómo puede haber comunión con algo que permite que la maldición [*rah*] se active en tu vida? Cuando las cosas del mundo han incursionado de una manera acelerada, es porque se ha caído bajo la seducción de algo o de alguien.

> **Esta maldición se alcanza cuando un padre la posee y nunca fue libre de ella, pasándosela como herencia espiritual a sus hijos.**

Se adquiere también, por medio de las costumbres que se aprendieron de los familiares cercanos como papá, mamá o abuelos. Lo que se vio hacer a un padre borracho, maldiciente y mujeriego, que delante de Dios resulta ser una abominación. El tipo de maldición [*rah*] que ha azotado a muchos hombres es el creer que: "el hombre que no engañe a su esposa, no es un verdadero hombre", o el que "no sale con muchas mujeres, no es un hombre de verdad". Muchos padres creen que si sus hijos de 14 ó 15 años no han tenido sexo es porque hay algo anormal en ellos.

Lo que esta maldición ha traído sobre las familias y pueblos en general es un estado de inmoralidad y corrupción, en la cual se ha propagado la fornicación y el adulterio; heridas tras heridas, maldición tras maldición. Detrás de un adulterio y una infidelidad, se abren puertas a la desgracia e infelicidad.

> **El hombre fue llamado para ser porta-**

dor de la gloria de Dios no para ser instrumento usado por los demonios.

Dios realmente puede hacer la diferencia con hombres y mujeres de verdad y de fe, apasionados por El y por su santidad.

Estamos viviendo como en los días de Sodoma y Gomorra que Dios está buscando intercesores que se pongan en la brecha para romper la maldición /rah/.

Así, cuando destruyó Dios las ciudades de la llanura, Dios se acordó de Abraham, y envió fuera a Lot de en medio de la destrucción, al asolar las ciudades donde Lot estaba. Génesis 19:29

Abraham era amigo de Dios y un día vio de lejos a tres figuras humanas y sabía que Dios estaba con ellos. Traían una orden para ejecutar a la tierra, los ángeles compartirían con el patriarca lo dictaminado por Dios. Para Abraham era muy importante saber cual era el propósito de Dios para esa región pues se sentía responsable por su sobrino Lot que estaba morando entre los sodomitas.

Alguien tiene que interceder por los

> que están siendo afectados por la maldad [rah]. La oración puede anular la maldición y convertirla en bendición; se necesita en esta hora más clamor, más arrepentimiento, más hombres y mujeres que pidan perdón por los que no lo pueden hacer.

Jehová Dios le muestra a su siervo el propósito de su venida, Dios estaba resuelto a castigar con fuego a las ciudades pecadoras. Abraham entonces intercede por las ciudades de Sodoma y Gomorra. Dios no es injusto, Él es fiel. El hombre es el infiel por naturaleza. Lot y sus hijas fueron salvos del fuego y de la destrucción a causa de la intercesión de su tío Abraham. Te invitamos a que hagas esta oración con fe:

Oración:

Dios y Padre Eterno yo soy tu hijo, yo amo Tu Palabra y tus mandamientos; ahora mismo comienzo a poner por obra Tu Palabra como nunca antes lo había hecho en mi vida. No acepto nada que venga del pasado ni de mis ancestros, y lo rechazo en mi vida en el Nombre de Jesús. Señor, tú me ayudas a entender todo lo nuevo que tienes para mi vida. En el Nombre de Jesús declaro voy a tomar en serio mi vida espiritual; lo testifico en verdad: voy a aceptar los cambios de Dios para mi vida, no van a hacer cambios superficiales, ni exteriores; van hacer cambios profundos, porque quiero una vida verdaderamente abundante y llena de bendiciones.

Yo rompo en este momento con toda maldición [*rah*] no tengo porque arrastrarme en enfermedades, ni en pecados que otros cometieron; no voy a caer mas en la mentira, yo no cargo el pecado de mis antepasados, ni de mis padres, ni de mis familiares.

He nacido en un pacto nuevo; soy creyente de Jesucristo. Recibo la vida de Dios, y mi vida NO va al desastre, sino a la victoria.

Ahora mismo, yo rompo con toda maldición e invito al Espíritu Santo, para que venga a mi vida. Señor lléname de Tu Gloria, de Tu presencia, soy una nueva criatura en Ti. Rompo con mi pasado; rompo con mi vieja levadura en el Nombre de Jesús. Rompo así mismo, con toda maldición heredada, y comienzo a ser bendecido; soy de bendición y no de maldición. Yo quiero ministrar bendición, para otros que también lo necesitan y quiero cantar una canción nueva, porque soy libre de maldiciones. Hoy rompo con toda carga de aflicción, angustia y tormento que haya venido sobre mi vida y de la cual no haya podido haberme liberado antes en el Nombre de Jesús; destruyo todo poder de las tinieblas sobre mi vida; declaro que soy un hombre o una mujer libre, prospero, santo y sano de toda maldición que me haya destruido. Yo oro y declaro la Gloria de Dios sobre mi vida, sobre mi hogar, sobre mi familia, sobre mis hijos, y rompo con toda atadura de maldición y me declaro libre por la Sangre de Cristo. A partir de este momento, mi vida comienza a cambiar; mi presente y mi futuro están en las manos del Señor.

Yo declaro unción Profética y Apostólica sobre ti, rompo y quiebro las maldiciones en tu vida. Se libre, de toda obra de las tinieblas, ahora, en el Nombre de Jesús, se libre de la pobreza, de la miseria, libre del dolor, de la condenación, se libre de la maldición en el Nombre de Jesús. Amén

Persistiendo en hacer el mal

6

¿Por Qué el Hombre Persiste Siempre en Hacer el Mal?

...*El malo siempre está pensando en el mal, y en cómo hacer cosas indecentes, o robar, o matar a otros, o ser infiel en el matrimonio. Esa gente vive pensando solamente en cómo hacerse rica, o en hacer maldades, ser envidiosa, engañar, insultar y maldecir a otros, o en ser necia y orgullosa.* Marcos 7:21-23 BTLA. En otra oportunidad Jesús dijo: *"de adentro del corazón salen los malos pensamientos, las malas acciones,... los adulterios, las fornicaciones, los homicidios."* Mateo 7:21 por eso Jesús le dice *"lo malo"*; porque está dentro de la naturaleza caída; en el corazón. A veces la persona actúa sin darse cuenta, no sabiendo que está actuando de forma desagradable delante de los ojos de Dios. *"Abominación son a Jehová los perversos de corazón; Mas los perfectos de camino le son agradables."* Proverbios 11:20

¿Qué Es Abominación?

La palabra abominable es un adjetivo que significa: algo o alguien que merece ser condenado o aborrecido. En hebreo es [tow`ebah]. Una cosa repugnante.

1. En sentido ritual (de alimentos impuros, o

ídolos; también se puede referir a los matrimonios mixtos).
2. En el sentido ético (de maldad).

En Deuteronomio dice lo siguiente: *"Maldito el hombre que hiciere escultura o imagen de fundición, abominación a Jehová, obra de mano de artífice, y la pusiere en oculto."* Deuteronomio 27:15

¿En Qué Consiste Ser Algo Abominable?

Las cosas abominables son: ídolos, comida consagrada a ellos, imágenes, estatuas, utensilios usados para ritos ocultistas, productos que promueven la hechicería, libros de magia. Lugares altos consagrados a satanás en los cuales se han levantado estatuas, o se han hecho sacrificios para derramar sangre.

Esta es una maldición muy común dentro de los pueblos indígenas, que se trasmiten por sus raíces folklóricas, creencias puramente paganas. Una maldición que introdujeron los europeos en América latina fue la idolatría. Esto no es mas ni menos que la veneración a estatuas; el culto que se rinde a los ídolo. Los que practican tales actos los adoran y los invocan creyendo en ellos. Les prenden velas, les rezan y hacen plegarias a los muertos. Todas estas prácticas son relacionadas con el espiritismo.

Levantar ídolos o imágenes para venerarlos, ha sido la causa que miles de familias hayan caído en la maldición de la pobreza.

Todo eso ha sido por ignorar la verdadera Palabra de Dios. La idolatría es comparada por Dios mismo al acto de la brujería; eso significa que lo que ocupe el primer lugar en el corazón del hombre está suplantando a Dios, al creador del alma; por eso la idolatría es pecado y es condenado por la Palabra de Dios. El primer mandamiento dice: "amarás al Señor con todo tu corazón, con todas tus fuerzas, con toda tu alma."

Abominación por causa de un trabajo de brujería.

Donde hay una entrega de objetos, como ofrenda o regalo, a los espíritus malignos (o como ellos los llaman "espíritus guías" o "genios") el lugar queda maldito. Ese acto es una consagración a los demonios La persona se contamina y el lugar también. Se le da regalos para recibir algo a cambio, pero a la vez "el espíritu invocado" le pedirá mas cosas a cambio.

Ejemplo: puede ser un ídolo, estatua, virgen, santo o imagen. Puede ser hecho de piedra, loza o material de plantas (pudo haber sido rociado con la sangre de sacrificios); todo eso es abominación delante de Dios. Lo mismo en donde se levantan templos a los ídolos, o pirámides, ermitas, cuevas, u oráculos; todos ellos están contaminados y han caído bajo maldición. Por es de enterarse que las grandes catedrales dedicadas a ciertas deidades importantes como Lourdes, Guadalupe, Monserrat, San Pedro, fueron construidas encima de lugares donde primitivamente se habían levantado altares; eran cuevas o ermitas donde se habían realizado sacrificios paganos.

Por esa razón se entiende que no se puede venerar ninguna clase de ídolo, santo, estatua, calavera, cuadros o cristos. No se pueden adorar, no se puede tener contacto con el objeto, mantos, velas, crucifijos, rosarios ni nada que sea objeto que corresponda al venerado.

> **Dios prohíbe la práctica de invocar a los espíritus del mal. Lo abominable y prohibido por Dios no se puede invocar ni entrar en contacto con ello.**

Los objetos que son abominables delante de Dios, traen maldición para la persona. Se debe tener bien claro esto: *"el que toca algo abominable cae bajo maldición y se convierte en maldito."*

Los hijos de Dios están llamados a ser nación santa, separados para Dios; por tal razón lo santo no se puede mezclar con lo inmundo porque se contamina.

Los redimidos que ya han sido limpios por la sangre de Jesús, deben de tener cuidado de lo que usan, hacen o traen a la casa sin importar quien se lo haya regalado. Esta maldición viene por tocar o poseer, algo abominable ante los ojos de Dios. Todo lo que sepas que ha estado en contacto con el ocultismo, idolatría u otra práctica aunque sea indígena, nacional o familiar debe ser desechado.

Cosas abominables:

- Ídolos. Deuteronomio 7:25

- Comida consagrada a los ídolos. Levítico 7:21

- Rosarios, cuentas del budismo, o collares hechos de semilla negra consagrada a los dioses antagónicos africanos (santería). Levítico 20:23

- Mantos, capas de colores, velas, estampitas, todo lo concerniente a los cultos paganos.

- Consultar o querer hablar con los muertos.

- Intentar girar la voluntad de otra persona a

través de la brujería, encantamiento o usando fetiches. Deuteronomio 18:11

Películas, revistas o imágenes que contengan pornografía. (homosexualismo o lesbianismo algunos textos que te ayudarán a en-tender bajo la luz de la Palabra de Dios, lo que se está diciendo.

...*El sacrificio de los impíos es* **abominación** *a Jehová.* Proverbios 15:8

...*y no traerás* **cosa abominable** *a tu casa, para que no seas anatema; del todo la aborrecerás y la abominarás, porque es anatema.* Deuteronomio 7:26

¿Qué es un lugar abominable?: Es "lugar maldito" que se convierte en un canal abierto. En ese lugar se forma un lugar de cautividad espiritual comparado a: una cueva, caverna, cárcel o mazmorra.

No Toquéis lo Inmundo

Si alguna persona ha practicado o ha ido a los brujos para protección, santería o palería ha caído en maldición. Se debe orar para romper toda obra de maldad y arrepentirse de los actos cometidos. Toda brujería hecha en un altar, o que haya sido enterrada; así mismo como invocaciones hechas en cuevas, ríos, pozos, montañas, valles, cementerios, o a los espíritus del mar (abismos subterráneos), del aire (regiones celeste), o del hades (principados de muerte, infierno, u oscuridad del inframundo) se tiene que romper, quemar, destruir, para que quede inoperante en el Nombre de Jesús. Ahora usan las cárceles como centro de satanismo y concentraciones diabólicas, para que desde ahí puedan dirigir el trabajo de la calle.

¿Qué Es lo Que Dios Aborrece?

- Que consagren o entreguen a sus hijos a los ídolos. Deuteronomio 12:31.

- Levantar estatuas en la casa. Deuteronomio 16:22

- Repudiar a la mujer para divorciarse. Malaquías 2:16

Costumbres ocultistas prohibidas por Dios:

- No adorareis a otros dioses.

- No levantarás ídolos ni de piedra ni de madera.

- Ni le levantareis altar.

- Ni pasarás tus hijos por fuego porque es abominación a YHVH.

- Las esculturas de sus dioses quemarás en el fuego;

- **No codiciarás** *plata ni oro de ellas para tomarlo para ti, para que no tropieces en ello, pues es abominación a Jehová tu Dios.* Deuteronomio 7:25

- **Destruiréis** *todos sus ídolos de piedra, y todas sus imágenes de fundición, y destruiréis todos sus lugares altos.* Números 33:52

¿Por Qué Tengo que Aborrecer lo que Dios Aborrece?

La Palabra dice que tenemos que agradar a Dios antes que a los hombres. *"Su misericordia será sobre los hijos de los hombres que le temen y guardan sus mandamientos."* (Deut.7:9) La obediencia nos lleva a la bendición.

¿Qué es lo que el Señor no le agrada? Busca en las escrituras y alcanzaras sabiduría, para agradarle en todo.

Proverbios 6:16 en adelante dice: *Seis cosas aborrece Jehová, y aun siete*

abomina su alma:

1. Los ojos altivos,
2. La lengua mentirosa,
3. Las manos derramadoras de sangre inocente,
4. El corazón que maquina pensamientos inicuos,
5. Los pies presurosos para correr al mal,
6. El testigo falso que habla mentiras,
7. El que siembra discordia entre hermanos.

No puedes inclinarte hacer, lo que a Dios no le agrada, porque Dios es tu Señor y amigo. ¿Nadie quiere tener a Dios de enemigo verdad? Pues observa lo que dice este texto en Isaías:

...también yo escogeré para ellos escarnios, y traeré sobre ellos lo que temieron; porque llamé, y nadie respondió; hablé, y no oyeron, sino que hicieron lo malo delante de mis ojos, y escogieron lo que me desagrada. Isaías 66:4

Descubramos más acerca de lo que a Dios no le agrada:

1. Proverbios 13:5 dice que tenemos que aborrecer **la palabra de mentira.**
2. Proverbios 15:27 exhorta a **aborrecer el**

soborno. El cohecho es ofrecimiento de dinero u objetos de valor (oro, plata) a una persona para conseguir un favor o un beneficio por debajo de la mesa. Dios lo ve como una mentira.

3. Proverbios 28:16 dice que Dios **aborrece la avaricia.** Esta es el acto de poseer cada vez más riquezas sin compartirlas. La Biblia habla de compartir el pan con el pobre.
4. Dios aborrece **el repudio en el matrimonio** que es dar carta de divorcio al cónyuge. Mateo 19:7-9
5. Dios aborrece al **que cubre de iniquidad su vestido**, porque lo considera desleal. Malaquías 2:16
6. Dios aborrece que se **levanten estatuas para adorarlas**. Deuteronomio 16:22
7. Salmos 11:5 dice que Dios aborrece al malo y al **que hace violencia**. Cada vez que se mira películas de violencia sin darse cuenta se está participando de lo que a Dios no le agrada. La violencia y la maldad son las hijas de la iniquidad.
8. Deuteronomio 12:31. Dios aborrece **que consagren sus hijos a los ídolos**. Así como levantar altares a las imágenes.

¿Qué es un Lugar Alto?

Es un lugar elevado que se escoge para levantar

un ídolo, un altar o una iglesia pagana. El lugar alto como hemos especificado, era y sigue siendo abominación a Dios. Puede ser una piedra levantada como una señal para ser usada para sacrificar animales, o para marcar un portal que ha sido abierto en el mundo espiritual.

Es un lugar abominable para adorar a un ídolo. Por ejemplo es muy común que en las ciudades o pueblos, se consagren ciertas zonas para dedicárselas al "patrono de ese lugar". Usualmente estos lugares altos son montañas para que el ídolo desde "arriba" abarque toda la región o ciudad dándole así la autoridad del sitio que se le consagró. (A veces se le tiene que llevar flores, frutas, vino, comida, tabaco o sacrificios para que este contento).

Considera este versículo en el encontramos la autoridad de Dios para reprender y avergonzar las obras de Satanás:

"Destruiré vuestros lugares altos, y derribaré vuestras imágenes, y pondré vuestros cuerpos muertos sobre los cuerpos muertos de vuestros ídolos, y mi alma os abominará." Levítico 26:30

¿Desde Cuando se Tiene Noción que las Naciones Hacían Esto?

Desde el principio que los hombres se revelaron contra su Dios creador. La Biblia nombra como

Israel levantó ídolos en los lugares altos, imitando a las naciones paganas. Ellos levantaron imágenes como Astarot o Astarte y a Baal; a los cuales les colocaban altares donde les quemaban incienso y hacían rituales debajo de árboles frondosos. La palabra lo confirma cuando dice:

"...Pero cada nación se hizo sus dioses, y los pusieron en los templos de los lugares altos que habían hecho los de Samaria; cada nación en su ciudad donde habitaba." 2 Reyes 17:29

La palabra dioses se refiere a una deidad más que a un demonio; estos eran principados o ángeles caídos que se dejaban adorar.

¿Cómo Logran los Brujos Atar las Ciudades?

Por la desobediencia a la ley de Dios que abre puertas a la maldición. Ellos usan estos "lugares altos" para hacer trabajos de hechicería donde después de hacer un rito de sacrificio u ofrenda, erigen una estatua simbolizando, un altar visible de consagración a ese ídolo.

También hacen sus rituales en los valles, cuevas, círculos y laberintos. Estos actos han hecho que se establezcan en esos lugares que forman una brecha, o canal donde los demonios puedan traspasar. Los hechiceros y chamanes en todo el mundo; así como la wicca indígena americana, usan las montañas y desde esos lugares altos escogidos, maldicen al hombre blanco y sueltan nubes de oscuridad y perversión sobre las ciudades.

En la ciudad de Miami por ejemplo como no hay montañas, los brujos han formado círculos que son tan apreciados como los "lugares altos". Desde una vista satelital se pueden distinguir. El círculo hace la misma función que el lugar alto o la invocación dentro de una cueva; es un lugar de atracción a los demonios de perversión.

Si la región es frondosa por la cantidad de arboles, como el caso de Venezuela y Colombia o en la selva Ecuatoriana con Brasil; usan a los ríos para venerar a sus ídolos lo cual les tiran ofrendas (como flores o alimentos) y trabaja así con los espíritus marinos conectados con el inframundo.

En otros lugares por ejemplo, los hechiceros trabajan en las cuevas o en lugares desolados que son distantes e impenetrables como África.

Los Sumerios fueron los primeros en comunicarse y recibir visitas espirituales superiores. En la cumbre de sus construcciones como torres llamadas "zigurat" levantaban el altar en el cual se comunicaban con los espíritus de las regiones celestiales.

En el diccionario dice así: **zigurat** "Construcción religiosa de la antigua Mesopotamia formada por una torre o pirámide de base cuadrada con varios pisos superpuestos en forma escalonada, a los que se accede por medio de rampas o escaleras, y en cuya parte superior se levanta el templo. Con una plataforma superior que se utilizaba para la observación de los astros y las prácticas rituales. A veces la planta era circular y el acceso se realizaba mediante una rampa en espiral. Los más famosos zigurats son los de Eridu, el de Ur y el de Babilonia construido durante la dinastía I (1594-1596) dedicado a Marduk."

Los Sumerios abrieron portones al mundo espiritual, donde los ángeles caídos bajaban y les dieron instrucciones para construir las grandes ciudades conocidas de la antigüedad. Los zigurats tenían rampas donde la sombra del sol marcaban las horas, algo similar a las pirámides de Yucatán en México y en Petén, Guatemala.

Los antiguos Egipcios y la civilización Maya, levantaron pirámides similares a los antiguos sumerios para invocar los "dioses" provenientes del mundo espiritual en las esferas celestes como del inframundo.

> **Lamentablemente el mundo esta bajo el maligno y aún satanás gobierna desde las grandes ciudades. Esto ocurre porque los mismos presidentes han**

llevado la brujería dentro de las casas de gobierno.

Atando las Potestades a Través de la Oración de Guerra

Aunque es difícil derribar las estatuas o construcciones levantadas por ser un "patrimonio nacional"; el poder de la oración de guerra es tan poderosa que ata a los principados en el Nombre de Jesús dejando inoperante a los demonios que se han conectado e influenciado las áreas que estamos mencionando. La Iglesia puede orar y romper esas maldiciones.

La oración es poderosa y no hay distancia que limite su poder. Dios sólo necesita hombres y mujeres consagrados a Él que le crean y usen bien su Palabra. Cuando le crees a Dios más que a las mentiras del diablo, Él mismo reprenderá a nuestro enemigo. La Palabra dice que Dios establecerá, destruirá y derribará los altares hechos en estos lugares.

> **Recuerda que tu tienes derecho legal sobre tu casa, familia, y dentro del ámbito de la Iglesia de Cristo. Por eso el Señor ha establecido el orden espiritual, para que estés sujeto a tu pastor y así recibir la autoridad delegada por Dios mismo.**

A la Iglesia se le ha prometido que las fuerzas del enemigo no podrán prevalecer contra ella. La iglesia de Cristo, esta militando en el mundo espiritual y es la encargada de arrebatar las almas al diablo.

La Maldición
/Aor/

7

El Significado de las Palabras Maldición en Hebreo

Para entender como se manifiesta la maldición sobre una vida, debemos ir a la Palabra de Dios, y buscar la raíz del original del antiguo hebreo de como fue escrita para entender con mayor profundidad y revelación lo que esta ahí escrito.

En la Biblia encontraremos varias palabras que se mencionan y que las vamos a estudiar en los próximos capítulos, para poder identificar los diferentes tipos y causas por las cuales se activaron dichas maldiciones.

Bendeciré a quienes te bendigan y maldeciré a quienes te traten con desprecio. Todas las familias de la tierra sean bendecidas por medio de ti. Gen 12:3

Así que los verdaderos hijos de Abraham son los que ponen su fe en Dios. Gálatas 3:7

Y él me dijo: Bien, ve y dile a este pueblo: Escuchen con atención, pero no entiendan; mire bien, pero no aprendan nada. Isaías 6:9

La Maldición /Aor/

Esta maldición proveniente de la palabra en hebreo [*aor*], está relacionada con los ojos; y es la *"ceguera espiritual"* que dice la Biblia: *"viendo no ven y oyendo no entienden."* Esta maldición produce tal ceguera que le priva a la persona de comprender las cosas espirituales. Es una fuerza poderosa que causa que alguien sea cegado a la verdad de Dios, al punto que no entienda la verdadera interpretación de la Palabra de Dios. A los que la padecen, les cae un manto de oscuridad y una venda en los ojos; que hace que el entendimiento sea entenebrecido, de modo que a la persona le es difícil ver como actúa el mundo espiritual sin comprender claramente las Escrituras. Mientras que otros no entienden el plan de salvación que Dios ha provisto para ellos.

> **La maldición [*aor*] se activa cuando una persona entra en rebelión y habla mal de los hombres Dios.**

Esta maldición no deja ver con claridad el significado del mensaje de vida que es sumamente espiritual. De modo que la persona no puede descubrir el tesoro que hay en las Sagradas Escrituras ni entiende el secreto del Reino de Dios.

> **Aunque tienen ojos, no ven, y no entienden el significado de lo espiritual. Estas personas casi siempre terminan engañados por doctrinas de error y en conceptos filosóficos y humanistas.**

Esta maldición se activa cuando se habla mal de los siervos escogidos y del pueblo de Dios. En forma especial esto ocurre cuando son maldecidos los judíos descendientes de Abraham. Este fue el hombre que Dios escogió para hacer pacto con él, en el cual toda su descendencia sería bendecida. Aún los redimidos por Jesucristo que son constituidos hijos de Abraham por la fe.

En Gálatas 3:7,16. Dice: *Sabed, por tanto, que los que son de fe, éstos son hijos de Abraham.... Ahora bien, a Abraham fueron hechas las promesas, y a su simiente. No dice: Y a las simientes, como si hablase de muchos, sino como de uno: Y a tu simiente, la cual es Cristo. Por tanto, sepan que los que son de fe, éstos son hijos de Abraham.*

Cada vez que se levanta un falso testimonio contra un hijo de Dios o se pone en cuestionamiento su llamado, se desata la maldición [aor] contra el calumniador. Esto es válido aún cuando se habla mintiendo de un amigo o siervo de Dios.

> **Muchas personas tienen por costumbre criticar, no importando de quien lo hagan. Por eso siempre están cautivos**

> **bajo el peso de la religiosidad viviendo la vida sin escrúpulos; al estarle velada la verdad de Dios, la cual es la única que puede salvarlos.**

Por ejemplo dicen: ¡Esos cristianos son unos hipócritas! ¡Son unos ladrones! ¡Viven engañando a la gente pobre! Esas exclamaciones negativas sueltan espíritus de maldad que muchas veces les caen para atrás a los mismos que las han pronunciado. Por tal razón, esas personas nunca llegan al conocimiento de la verdad y por consiguiente hasta que no cambien de actitud no les alcanzará la salvación. Esta maldición [*aor*] se activa sobre los seres humanos que están bajo maldición, privándoles de recibir la bendición de Dios y lo más importante que es oír la voz del Señor de una forma clara y real. En el evangelio de Marcos 4:12 dice: *para que viendo, vean pero no perciban, y oyendo, oigan pero no entiendan, no sea que se conviertan y sean perdonados.*

El problema no es solo que no pueden oír a Dios, sino que no son capaces de guardar la Palabra. Por ende, esta situación incapacita a la persona a colocar su vida en dependencia con Dios. Este tipo de maldición, hace que no se acepte las palabras de Dios en la Biblia. Creyendo mas en todo tipo de profecía falsa, predestinación y adivinación; en vez de aceptar la Palabra de Dios verdadera.

Cuando la gente siente apatía e indiferencia por estudiar la Biblia hay una maldición activada que se tiene que romper. Se necesita entender que la persona debe de esforzarse a estudiar la Palabra de Dios.

Si en tu familia o vida personal ha habido crítica desmedida, burla hacia los demás o envidia, es necesario que entiendas como opera esta maldición para cerrar así todas las puertas. Debes conocer la astucia del enemigo y vencer las malas costumbres aprendidas desde la infancia. ¡Corrígete a ti mismo y no dejes que esta maldición toque tu vida, ni a tu futura generación!

¿No es tu temor a Dios tu confianza? ¿No es tu esperanza la integridad de tus caminos? Job 4:6

El corazón con temor de Dios es un corazón que estará seguro aun en medio de las circunstancias mas difíciles de la vida.

La Maldición
/CALAL/

8

Los Efectos de Caer en Maldición

Analizaremos la acción que produce el caer en maldición, a través del significado directamente del hebreo.

Leamos el texto: *Igualmente el que maldijere a su padre o a su madre, morirá.* Éxodo 21:17 La palabra maldición en hebreo en este texto bíblico es /calál/ que significa: ser insignificante, liviano, ligero, maldecir, blasfemo, despreciar, destruir, envilecer, injuriar, tener en poco. Esta palabra de gran amplitud se encuentra tanto en el hebreo antiguo como en el moderno. El término aparece unas ochenta y dos veces en el Antiguo Testamento hebraico.

Como se puede percibir, sus diversos matices surgen de la idea básica de considerar a los demás, "insignificantes o envilecerlos, tenerlos en poco o baja estima." En el caso del texto bíblico anterior, podemos ver que la persona que maldice a sus padres le traerá a su vida, repercusiones negativas.

A menudo /calál/ adquiere la idea de maldecir; tratar como despreciable a alguien; con la acción o palabras se puede maldecir a alguien (sin olvidar que en este caso el que desprecia es el que cae en maldición). Como dice en Éxodo 21:1, la ley declaraba que debería de morir.

¿Por qué algunos hijos deciden maldecir a sus padres? para muchos la ira y resentimiento se convierten en una vía de escape; y más aún cuando han acumulado años tras años, de rencor y resentimiento. Hay que reflexionar sobre esta situación especialmente si se conoce o es amigo de alguien que guarda esta postura. Satanás constantemente bombardea los pensamientos de aquellos que están heridos, esta semilla de maldad se puede convertir en odio. Las palabras maldicientes contra los padres siembran dolor y angustia al corazón. Maldecir al padre o a la madre en vez de perdonarlos, se convierte en un espíritu de angustia que sigue a la persona a todas partes como una sombra.

¿Qué más dice la Biblia en cuanto a éstas palabras que se pronuncian en contra de los padres?

El rey Salomón enseñó lo siguiente: *Al que maldiga a su padre y a su madre, su lámpara se le apagará en la más densa oscuridad.* Proverbios 20:20

Algo muy importante de destacar es, el gran respeto que se debe tener a las personas, incluyendo aún a los padres y abuelos en sus años de ancianidad. Las Escrituras enseñan que se les debe dar respeto y honra cuando dice: *Ponte de pie en presencia de los mayores. Respeta a los ancianos. Teme a tu*

La Maldición /Calal/

Dios. Yo soy el Señor. Levítico 19:32. ^{NTV}

> **Renuncia por completo y jamás seas un instrumento o un medio para el mal. Siempre determina que tus labios deben expresar bendición y nunca maldición.**

Si en estos momentos recuerdas haber maldecido a un ser querido, hoy es el día para que tomes una actitud de arrepentimiento delante de Dios y corrijas el mal que has hecho.

> **Se debe de tener mucho cuidado con lo que se dice y a quien se lo dice.**

Educándose en el Hablar

En momentos de ira o enojo, tal vez como consecuencia de un estado de ánimo motivado por la desilusión hacia alguien o algo en particular, es muy probable que se intente proferir o lanzar palabras de enojo y frustración que causan grandes heridas. Hay que entender que nadie tiene la culpa del porque suceden las cosas. Dios en su infinita misericordia da la vida a todo ser humano y El tiene propósito aún en hijos que sufrieron una mala infancia. Esta es la razón por la cual resulta sumamente importante ponerle freno a la lengua, antes de decir muchas cosas de las cuales nos podemos arrepentir después. La Biblia advierte en este texto en Proverbios lo siguiente: *La lengua puede traer vida o muerte; los que hablan mucho cosecharán las consecuencias.* Proverbios 18:21 ᴺᵀⱽ También dice algo que ayuda a los cristianos a disciplinar su forma de hablar, *... La lengua apacible es árbol de vida; Mas la perversidad de ella es quebrantamiento de espíritu.* Proverbios 15:4

La palabra dice que Dios juzgará toda palabra que sale de la boca del hombre. En el evangelio se expone esta cuestión claramente cuando el mismo Jesús afirma: *"nadie que diga tonto, fatuo o necio a su hermano quedara sin juicio, es mas estará expuesto para ir al infierno."*

¡Cuídese de no maldecir a nadie!

Pero yo os digo que cualquiera que se enoje contra su hermano, será culpable de juicio; y cualquiera que diga: Necio, a su hermano, será culpable ante el concilio; y cualquiera que le diga: Fatuo, quedará expuesto al infierno de fuego. Mateo 5:22

El problema del no valorar a los demás radica en el corazón.

Es importante entender que no puedes vivir a

plenitud la nueva vida en Cristo, cuando tus labios dicen y desean lo malo hacia los demás.

Calal Se Activa Cuando Hay Corrupción

La palabra corrupción significa: hacer trampa, dañar, estafar, robar y defraudar. Muchos creen que haciendo las cosas a escondidas les irá bien. Podrá pasar desapercibido de muchos, pero nadie se puede esconder de Dios el cual todo lo sabe, aún las intenciones ocultas del corazón. La estafa y el mentir van juntas y se asimila al aparentar lo que no es.

Veamos un ejemplo en la época de Cristo y Pedro. Por ejemplo, en el griego maldecir #2653 /*katanadsematizo*/ en la raíz griega es imprecar. Esto denota; "pronunciar mal contra alguien." *Pedro juró: Que me caiga una maldición si les miento. No conozco al hombre. Inmediatamente, el gallo cantó.* Mateo 26:74 NTV. Esta definición esta muy cercana al significado del griego #2672 /*kataraomai*/ que encierra la acción de: "orar en contra de alguien o algo, buscando que reciba el mal." Analicemos otros ejemplo que parecen distante pero la palabra maldice, malditos es similar en la acción.

Entonces dirá también a los de la izquierda: Apartaos de mí, malditos, al fuego eterno preparado para el diablo y sus ángeles. Mateo 25:41

Entonces Pedro, acordándose, le dijo: Maestro, mira, la higuera que maldijiste se ha secado. Marcos 11:21 Tenemos otro ejemplo, ...*Bendecid a los que os maldicen, y orad por los que os calumnian.* Lucas 6:28

Bendecid a los que os persiguen; bendecid, y no maldigáis. Romanos 12:14

Con ella bendecimos al Dios y Padre, y con ella maldecimos a los hombres, que están hechos a la semejanza de Dios. Santiago 3:9

En todo estos textos bíblicos se puede notar la intensidad de este tipo de maldición con una expresión relacionada a *pronunciar algo con mal propósito contra alguien o algo*.

En el griego también encontramos la palabra /katara/ #2671 que tiene que ver con esta maldición la cual significa: imprecación, execración o maldecir, lo cual significa: "perdida del carácter sagrado del lugar". Es importante entender que cuando se maldice a alguien, la persona no solo está afectando a una persona, sino que está revelándose en contra de Dios mismo.

> **No se puede desconocer que una palabra de maldición busca el mal contra alguien.**

La Maldición /Calal/

Cuando dices una palabra, tienes que tener el total convencimiento de que ellas pueden edificar como destruir. Es necesario tomar conciencia del mal que puedes causar por la forma de expresión negativa en que dices las cosas. *Bendecid y no maldigáis.* Romanos 12:14

> **Cuidado con la maldición que proviene por la boca del que tiene autoridad.**

Es necesario que profundicemos más acerca de este tema y analicemos otras fuentes por las cuales pueden entrar también las maldiciones. Como ya hemos estudiado antes, se puede caer en maldición por ignorar y desobedecer la Palabra de Dios. No olvidemos que Dios castiga la injusticia. Él lo hizo todo bueno pero el hombre se inclinó siempre, hacia el camino de la maldad. Un padre de familia puede maldecir a su conyuge o a sus hijos, porque es una figura de autoridad en su hogar.

> **Esta maldición alcanza o es activada por causa de la autoridad que Dios delegó en el hombre.**

Dios es el que estableció la autoridad, y la delegó en el orden establecido por Él mismo. Si alguien toma un lugar que Dios no le dio, su autoridad es vana, carece de valor y es inexistente. La Palabra de Dios establece como cabeza, al Dios Altísimo y Padre de la creación. Segundo a Jesucristo, tercero, al hombre y cuarto a la mujer.

Usemos un ejemplo práctico: Si el que pronunció la maldición por la boca fue un padre sobre un hijo, tiene el aval dado por la autoridad delegada, y su maldición los alcanza. Pero no hay que olvidar, que Dios ordena: *"no maldecirás."* Dios no da la autoridad para maldecir sino para ejercerla con liderazgo. Adán recibió la orden de colocarles nombre a los animales. Eso es ejercer autoridad sobre otro y esa autoridad es para bien.

Pero los padres que arremeten constantemente contra sus hijos, están destruyendo su personalidad y arruinando su mente y quizás su futuro. Por eso hay que tener mucho cuidado lo que se establece sobre otra vida. Palabras destructivas tal como: "...eres un desgraciado; nunca llegarás hacer nada bien, necio, estúpido", éstas palabras lograrán su efecto si entran en el inconsciente del niño o el joven las cree, y gradualmente llegará a ser lo que se estableció sobre él a no ser que Dios intervenga antes sobre él. En un futuro podrá ser un padre con trauma o un esposo inseguro, según el daño que lograron hacerles esas palabras.

Veamos unos ejemplos en la Palabra de Dios:

1. Can, fue maldecido por su padre Noé. (Gé-

La Maldición /Calal/

nesis 9: 8-20) y toda su descendencia llamada los Cananitas fueron paganos y vivieron siempre bajo maldición. Sabemos que el joven vio a su padre desnudo y lo deseó en su mente.

2. Eliseo maldijo la asociación de cuarenta y dos jóvenes que se burlaban del profeta y varón de Dios. Todos ellos fueron matados por dos osos salvajes.
3. Pablo lleno del Espíritu Santo dejó ciego a un profeta falso llamado Bar-Jesús que pretendía con su falsedad detener la palabra del evangelio, colocando duda y tropiezo a los nuevos creyentes. (Hechos 13:11)
4. Dios mismo se enojó de la murmuración hecha por Aarón y María apareciéndoles en una nube llamándolos por su nombre juntamente con Moisés, (Números 12:1-16) Jehová defendió la autoridad delegada sobre su siervo y al irse en la nube vieron con asombro, que María estaba llena de lepra.
5. Elías mando fuego del cielo para que consumiera a los cincuenta delegados del Rey Ocozías por causa de consultar con los ídolos en vez de Dios. (2 de Reyes 1:1-12)

Podríamos mencionar mas ejemplos como el castigo de Coré; de Saúl por su desobediencia; el castigo de el rey Ezequías por su orgullo y Acab con su esposa Jezabel.

¿Qué Es el Hecho de Maldecir?

La acción es maledicencia lo cual es: "*la acción de hablar o desear algo malo para alguien.*" Es similar a la palabra calumniar, o ser un falso acusador. El maldiciente se inclina a encontrar defectos en el comportamiento o actitudes de los demás. El rencor acumulado por la ira retenida, hace que se actúe así.

> **El hecho de maldecir entonces resumiendo es la acción de proferir una calumnia, con el deseo de desearle el mal a una persona.**

Los cristianos deben de tener cuidado porque sin querer pueden mandar por su boca espíritus que causen opresiones a otras personas. Esto es conocido como brujería carismática u oración hechicera. En esencia se puede afirmar que al desear mal a otra persona se activan demonios que actúan provocando opresión y pesadez a los demás. Cuando tú hablas mal de una persona con la intención que esta sea desprestigiada, estás activando algo bien peligroso, pero recuerda que el Espíritu de Dios te esta viendo.

> **Tú estás llamado a bendecir y nunca a maldecir. Estas llamado a fortalecer los brazos de los amigos, nunca a debi-**

La Maldición /Calal/

litar, levantar, y nunca aplastar.

Hay que dar siempre una palabra de alivio, nunca con rechazo. Debes de considerar al débil, que necesita tú ayuda. No olvides esto tan importante, "los chismes apartan a los mejores amigos."

El hombre perverso levanta contienda, y el chismoso aparta a los mejores amigos. Proverbios 16:28

Recuerda estos otros proverbios importantes:

El que guarda su boca y su lengua, Su alma guarda de angustias. Proverbios 21:23

La lengua falsa atormenta al que ha lastimado, Y la boca lisonjera hace resbalar. Proverbios 26:28

Satanás es el padre de la mentira y el falso acusador.

Otra fuente es el propio enemigo del hombre, llamado adversario, el espíritu de maldad. Su esencia es el odio hacia el hombre, siempre esta buscando a quien devorar. Si pudiera, estaría maldiciendo continuamente al hombre, sólo lo puede lograr si la persona tiene puertas abiertas. Pero no debes de olvidar que el enemigo necesita humanos para realizar su obra así como nuestro Señor utiliza a la Iglesia para bendecir a los demás.

Hay hombres cuyas palabras son como golpes de espada; Mas la lengua de los sabios es medicina. Proverbios 12:18

¿Cómo Activan Maldiciones los Enemigos del Pueblo de Dios?

Generalmente era una acción de la que se valían los paganos, intentando un poder especial para deshacerse de sus enemigos. Para eso clamaban a sus dioses falsos con sus hechiceros y adivinos y activaban maldiciones contra sus enemigos. Este hecho lo podemos contactar en el libro de Números cuando Balac, Rey de Moab mandó llamar a un profeta llamado Balaam para ofrecerle el trabajo de maldecir a Israel (mientras éste transitaba por el desierto rumbo a la tierra prometida).

...Ven pues, ahora, te ruego, maldíceme este pueblo, porque es más fuerte que yo; quizá yo pueda herirlo y echarlo de la tierra; pues yo sé que el que tú bendigas será bendito, y el que tú maldigas será maldito. Números 22:6.

Dios no permitió que la boca de Balaam se abriera para maldecir, porque Dios dijo: "que no habría agorero contra el pueblo de Dios Israel."

Ninguna maldición puede tocar a Jacob; ninguna magia

ejerce poder alguno contra Israel. Pues ahora se dirá de Jacob; ¡Qué maravillas ha hecho Dios con Israel! Números 23:23 NTV

Balaam habló pero solo pudo pronunciar palabras de bendición para el pueblo de Dios. Dice en Deuteronomio 23:5 NTV... *pero el Señor tu Dios se negó a escuchar a Balaam y convirtió esa maldición en bendición, porque el Señor tu Dios te ama.* Israel fue bendecido no por las profecías que trajo Balaam, sino porque el pueblo de Dios ya estaba bendecido cuando le dijo a Abraham: *Bendeciré a los que te bendigan.*

> **Nunca le creas a las palabras maldicientes que alguien te pueda proferir, recuerda que Dios te ha prometido que tu eres bendito de Dios.**

Es decir que para llegar una maldición tiene que haber un pecado que le de lugar, una puerta abierta. Si estás bajo cubierta divina y la sangre ha perdonado todos tus pecados, la maldición proferida por quien sea no te llegará, será como el revolotear de un gorrión sin rumbo y sin dirección fija.

Por el contrario tienes que tener presente que una maldición opera si hay algo que la activa. El pecado es el detonante, detrás de cada síntoma siempre se encontrará una puerta abierta, por donde entran las maldiciones.

...El que hiciere hoyo caerá en él, y al que aportillare vallado, lo morderá la serpiente. Eclesiastés 10:8. Pablo escribe a los Gálatas: *No os engañéis; Dios no puede ser burlado: pues todo lo que el hombre sembrare, eso también segará.* Gálatas 6:7

- **Si tú siembras deslealtad**, recibirás traición.
- **Si provocas fuegos por tu lengua**, serás abandonado y quedarás solo. Perderán la confianza en ti.
- **Si cometes fraude** un día te descubrirán y tendrás que huir.
- **Si te gusta mentir**, caerás presa en la trampa del mismo espíritu del engaño.

El salmista escribió con relación a la incompatibilidad que hay en muchos que dicen adorar a Dios pero a la vez maldicen a los demás: *...Solamente consultan para arrojarle de su grandeza. Aman la mentira; Con su boca bendicen, pero maldicen en su corazón.* Salmo 62:4

Es necesario mantenerte en estado de alerta, incluso con todo aquello que pronuncias y declaras.

Jesús digo: Oísteis que fue dicho: Amarás a tu prójimo, y aborrecerás a tu enemigo. Pero yo os digo: Amad a vuestros

La Maldición /Calal/

enemigos, bendecid a los que os maldicen, haced bien a los que os aborrecen, y orad por los que os ultrajan y os persiguen; para que seáis hijos de vuestro Padre que está en los cielos, que hace salir su sol sobre malos y buenos, y que hace llover sobre justos e injustos. Mateo 5:43-35

La palabra de Dios nos da la correcta respuesta y actitud que todo fiel Cristiano debería de tener, en estos textos te indican cinco pasos que tienes que dar:

1. **Amar** a quienes te causan daño.
2. **Bendecir,** a los que te maldicen o no te quieren.
3. **Hacer** el bien, aun cuando procuren tu mal.
4. **Orar** por quienes utilizan la maldición como arma para causarte daño.
5. **Mirarlos con la misma misericordia** que te ve Dios.

Cuando obedeces y colocas en practica la Palabra de Dios cualquier maldición que quiera venir en tu contra, se revertirá y caerá en tierra. El apóstol Pablo aplicó en su ministerio este principio de poder:

Nos fatigamos trabajando con nuestras propias manos; nos maldicen, y bendecimos; padecemos persecución, y la sopor-

tamos. 1 Corintios 4:12

No permitas jamás que el enemigo intente ganar terreno alguno. De aquí en adelante, si estás bajo la influencia de la ira, no te dejes arrastrar por ese sentimiento negativo, sino todo lo contrario, permite que Dios te llene por completo de su paz y gozo que es su fortaleza en ti. Es muy probable que en algún momento de tu vida has abierto puertas al mundo de las tinieblas, a través de las palabras de maldiciones que hayas pronunciado. En el nombre de Jesucristo permite que sólo Él pueda romper toda atadura. La santidad en tu vida no es una simple apariencia; es tener siempre un muro de protección alrededor de tu vida, familia, trabajo, finanzas y propiedades. Solo se logra cuando las maldiciones son redimidas en la cruz del Calvario. Jesús se hizo maldición por nosotros.

Repite donde quiera que este leyendo este libro la siguiente oración: "Mi Señor y Salvador Jesucristo, reconozco con todo mi ser que he pecado delante de ti. La influencia de la maldad me llevó a maldecir a mis padres u otras personas. Hoy de todo corazón me arrepiento y te pido que me perdones. Estoy delante de tu presencia, amado Señor de mi vida, por lo cual determino renunciar y rechazar por completo toda relación, pacto y atadura con el engañador y acusador de los hermanos. Por lo tanto declaro que tú eres Jesucristo

La Maldición /Calal/

mi Señor y Salvador desde hoy en adelante solo estoy dispuesto a servirte y obedecerte sin mirar atrás. Te lo pido con todo mi ser, haz de mi la persona que tú quieres que yo sea, para tu honra y Gloria, lo creo y lo confieso ahora y siempre, Amén.

La Maldición /Alah/ y el mal humor

9

La Contaminación Activa la Maldición

Y la tierra se contaminó bajo sus moradores; porque traspasaron las leyes, falsearon el derecho, quebrantaron el pacto sempiterno. Por esta causa la [alah] maldición consumió la tierra, y sus moradores fueron asolados; por esta causa fueron consumidos los habitantes de la tierra, y disminuyeron los hombres. Isaías 24:5-6

La palabra maldición en hebreo es [alah] #422; y significa: conjurar en mal sentido, maldecir; perjurar. Mediante la idea de invocación y lamentar. También tiene que ver con protestar.

La Maldición del Malhumorado

Por esta causa la maldición consumió la tierra, y sus moradores fueron asolados; por esta causa fueron consumidos los habitantes de la tierra, y disminuyeron los hombres. Isaías 24:6

Podemos decir que una persona que constantemente se esta quejando, hablando mal de otros, es porque tiene un problema de carácter. La amargura tomó su corazón por cualquier razón que sea. La critica y el mal humor abre una puerta para que caiga bajo la maldición [*alah*]. Cuando esta maldición entra en la vida de una persona, familia o nación lleva consigo una actitud permanente de lamento y de tristeza.

> **Esta maldición no le permite a la persona alcanzar ciertas cosas en la vida, ni le deja que obtenga las metas que se propone; no puede tener gozo ni ser feliz.**

Muchos hoy en día pueden cantar y orar, pero por dentro de sus corazones, son infelices, no sienten gozo, ni alegría. Hay momentos que el creyente es probado y por un lapso de tiempo pasa por pruebas, que pueden ensombrecer el alma; pero no puede vivir todos los días del año bajo opresión de fracaso, angustia y queja. La Biblia dice: *"el gozo del Señor es nuestra fortaleza."* Cuando aprendes a gozarte en Dios, eres libre y fortalecido en tu hombre interior. Tu mente se renovará para llegar a escalar las alturas con Dios.

No puedes vivir en una vida de incertidumbre e incapacidad, y estar continuamente diciendo: "amo al Señor, pero no siento gozo en la vida." Dice la Biblia que no debes perder el gozo de la salvación de Dios, porque ella produce deleite en la paz del Señor.

Los enojos constantes tienen consecuencias para el cerebro.

Leamos un articulo recientemente publicado por Corbis:
"El mal humor no sólo repercute negativamente en la vida social, sino también afecta al estado de salud, dado que tras las emociones negativas se producen una serie de cambios en el cerebro, lo que puede provocar enfermedades. Los especialistas del Instituto Mexicano del Seguro Social advierten que enojarse frecuentemente puede provocar males graves o generar algún trastorno. Por ejemplo, las personas con mal humor crónico corren más riesgo de desarrollar la diabetes y tener migrañas frecuentes. Según el estudio, los enojos constantes afectan fuertemente al corazón, aumentando el ritmo cardiaco, presión arterial, flujo sanguíneo y produciendo taquicardia, y en personas susceptibles pueden llevar a un infarto. Además algunos individuos desarrollan problemas a nivel de la piel, como enrojecimiento y pruritos. Entre los diabéticos la ira causa un mayor descontrol de la glucosa a nivel sanguíneo, lo que produce aún más daño renal y gástrico. Los psicólogos indican que desahogarse siempre ayuda a disminuir el coraje. Sin embargo, quienes sufren de mal humor de una forma constante deben buscar atención médica y evaluación psiquiátrica."

No es necesario que los psicólogos lo publiquen como un gran descubrimiento, cuando hace ya tiempo que Dios lo advirtió a través de su Palabra. El corazón cargado por amargura produce una raíz dentro de sí, que genera dolor, frustración y rencor. Ese corazón necesita urgentemente la intervención Divina, esta vacío, con falta de la presencia de Dios.

Hazme oír gozo y alegría, Y se recrearán los huesos que has abatido. Salmo 51:8

¿Qué Hay Detrás del Mal Humor?

La frustración y el enojo es el inicio. El enojo es una emoción muy peligrosa que es producida por una ofensa y si se logra desbordar excesivamente se convertirá en ira. Este fuerte sentimiento viene acompañado de molestia, aspereza e indignación. Muchas veces las personas cargadas tienen depósitos al tope de amargura y tienen que ser desalojados. Por eso muchos atinan a ir a partidos de fútbol para allí gritar y pronunciar palabras obscenas para sacarse así la ira retenida. Otros lamentablemente lo hacen sobre sus seres queridos más cercanos, dañando la relación drásticamente. La ofensa llega acompañada de dolor. Las personas afectadas violentamente en sus emociones tienen que tratar lo mas rápido posible para curar esa herida.

> **Si no se cura la herida causada por una ofensa el mal humor tomará lugar.**

Sin duda afirmamos que el enojo crece en el corazón, por el resultado de una acción injusta o una ofensa. Si no se arregla, a la larga puede traer consecuencias físicas y poco a poco la persona se va enfermando de los nervios. Puede presentar jaquecas, ataques cardiacos, úlceras y más.

> **El reflexionar a tiempo es tan importante como el sanar la herida del corazón; el perdón acompañado del diálogo, es lo que sana mientras que el silencio se convierte en un arma peligrosa.**

Se alegró por tanto mi corazón, y se gozó mi alma; Mi carne también reposará confiadamente; Salmo 16:9

Si no se soluciona rápido un mal entendido en vez de aclararse; lo que pudiera pasar es que después del enojo, llegue el resentimiento y la falta de perdón. Si no se actúa a tiempo, tarde o temprano se puede convertir en una raíz de amargura. El distanciamiento es igual a una ruptura o una desmembración que produce separación; esta hace, que del rencor pase al odio y al deseo de venganza.

¿De Qué Se Alimenta el Mal Humor?

- De un ambiente cargado de negatividad.
- De preocupaciones lejos del control del Espíritu Santo (por querer manejar las cosas a su manera y no a la de Dios).
- De una mente saturada de pensamientos negativos que conllevan a perder la fe y a no confiar totalmente en Dios.
- De la frustración. Ésta es la señal que una persona esta luchando con sentimientos de hostilidad.

Este último punto es muy importante de profundizar. Una persona se siente frustrada cuando no llega a las metas que se ha trazado en su propia mente, y que es probable que esas decisiones nunca fueron dadas por Dios. A veces estas "metas" son ideas traídas de la presión de una "sociedad competitiva" que traen ansiedad. La competencia en el medio ambiente trae un "stress" constante. A eso le podemos sumar las amenazas y la presión constante en los trabajos.

> **El mal humor a veces es el enojo contra Dios, contra la sociedad y contra uno mismo.**

Debes tener presente que Dios ya dio la respuesta a esta situación, ¿cuál es? "el gozo del Señor", que proviene del corazón del Señor y de la esencia de Su persona.

Sacaréis con gozo aguas de las fuentes de la salvación. Isaías 12:3

El gozo del Señor sale de un espíritu apacible del corazón que confía en El incondicionalmente.

> **El Reino de Dios consiste en Gozo, paz y justicia. Busquemos el gozo del Señor que será la fortaleza personal en los momentos más críticos de nuestra vida.**

Es necesario que aprendamos a vencer la amargura y así se quitara el mal humor. Dios lo que desea es que descubras la herida que te causó esa amargura, con el propósito de que todo dolor que te está atormentando, sea sanado y que en poco tiempo solo tengas una cicatriz que no duela y que puedas recordar que algún día tuviste una herida que Dios sanó. Una vez sana esa herida, no te lastimara más, porque fue sanada dentro del proceso de la madurez de tu vida cristiana. A veces te puedes encontrar con raíces generacionales de familiares que vivieron en extrema amargura por situaciones trágicas de su pasado. La Biblia te enseña lo siguiente:

Los que aborrecen al Señor le fingirían obediencia, y el tiempo de su castigo sería para siempre. Pero yo te alimentaría con lo mejor del trigo, y con miel de la peña te saciaría. Salmos 81:15-16 BLA

Este Salmo se refiere a la roca que brota dulzura, y no es nada menos que su sanidad, su amor y cuidado, que quita la marca de la amargura.

La Maldición /ALAH/ y la Verdadera Voluntad de Dios

La Verdadera Voluntad de Dios

Todo Israel traspasó tu ley apartándose para no obedecer tu voz; por lo cual ha caído sobre nosotros la maldición y el juramento que está escrito en la ley de Moisés, siervo de Dios; porque contra él pecamos. Daniel 9:11-12

> **La maldición /Alah/, alcanza a una persona y hasta una generación por traspasar la ley de Dios.**

La palabra traspasar es cambiar; es violar los mandamientos de Dios. Esta maldición también puede caer sobre una nación. Esto es lo que le paso a Israel por traspasar la ley de su Dios YHVH.

La magnitud de esta maldición es altamente destructiva, aun a nivel de naciones y pueblos. ...*Y la tierra se contaminó bajo sus moradores; porque traspasaron las leyes,* Isaías 24:5. Analicemos más profundamente la palabra "traspasar" que significa:

- Cambiar.
- Saltarse los mandamientos de Dios.
- Establecer su propia forma de vida.
- Pasar sobre todo mandamiento cruzando los límites del Reino, para ser entregados a una mente reprobada.

Cuando una nación se aparta de Dios entra bajo maldición.

Cuando un país le da la espalda a Dios, olvidando sus mandamientos para caminar en sus propios caminos de error, la maldición [*alah*] empieza actuar activamente. Esta maldición se manifiesta en pobreza, miseria, y calamidades continuas. Dice la Biblia en el Libro de Jeremías, que por apartarse Israel de la Palabra de Dios, cayó en tierra de Babilonia, y la maldición [*alah*] los persiguió. El Señor en el versículo siguiente explica porque vino esa maldición: ...*Por cuanto no oyeron mis palabras, dice Jehová, que les envié por mis siervos los profetas, desde temprano y sin cesar; y no habéis escuchado, dice Jehová.* Jeremías 29:19

Esta maldición entra por rechazar la Palabra de los profetas, y no estar de acuerdo con lo que Dios dice.

El no escuchar la voz de Dios trae maldición.

Tienes que estar dispuesto a oír lo que Dios habla a través de sus siervos y colocar por obra la Palabra. Cuando tú prefieres creer lo que dicen los incrédulos negando y haciendo lo contrario a lo que Dios dice, las cosas van a funcionar mal.

El oír a los incrédulos y a los necios te contamina el corazón.

Algunos han llegado a decir que sienten como dardos en su espalada que no los deja tranquilos, ¿sabes por qué?, porque están contaminados. El agua de la Palabra es cristalina mientras que las palabras del chismoso están sucias; al dejar entrar el agua sucia a tu vida, tú corazón se contamina. Hay que ir a la Palabra de Dios, para que ella que es Espíritu, te limpie.

El no discernir la voz de Dios trae confusión al alma.

Muchos interpretan el sentir de su corazón como si fuera del Espíritu de Dios, olvidando que los sentidos humanos están controlados por el alma. Algunos interpretan textos sueltos de la Biblia y los toman por su propia cuenta.

La Biblia no se interpreta, se entiende por revelación.

Estas son dos cosas muy diferentes: interpretación y revelación. Dar una propia interpretación a la Biblia trae también maldición. Hay gente que nunca lee ni escrudiña las Escrituras profundamente sin embargo hablan de ella como si la mucho la conocieran. No es leerla solamente, *"los demonios creen y tiemblan"* (Santiago 2:19). También satanás citó las Escrituras para tentar a Jesús en el desierto. (Lucas 4:9-10)

¿Qué le Pasó a Eva?

Eva no entendió el mensaje que le dio Adán sin embargo, si aceptó la ideología de la serpiente.

Temo que como la serpiente engañó a Eva vuestros sentidos sean extraviados del verdadero conocimiento. 2 Corintios 11:3

La serpiente sutilmente la llevó a Eva, a través del razonamiento a cuestionar otra "idea" de la que ella supuestamente tenía de Dios. Satanás no la atacó por su pasado porque Eva no tenía pecado, su ataque fue a la mente de ella. Satanás jugó con su razonamiento al plantearle una nueva ideología, al hacerla razonar y dudar a la vez; ella creyó que estaba bien lo que oía. La batalla que uso la serpiente fue, *"ideología, contra ideología."*

Este es el mismo ataque que hoy en día sigue usando el enemigo, para poner duda contra Cristo y su verdad.

Ella no estaba preparada en su mente, ni había recibido instrucciones, acerca de esto. (Dios el creador se comunicaba solo con Adán) no tenia las armas ni supo como defenderse, del contra ataque de la nueva ideología que Satanás le planteaba.

El enemigo la fue envolviendo paulatinamente a través del dialogo en el cual su mente no estaba preparada. Además no tenía la verdadera ideología de Dios impresa en su espíritu en la cual ella la pudiera comparar. *La mente de Eva era como una computadora, nueva que aun no había sido programada.* Al oír la "nueva ideología" creyó que era "buena" porque no tenia otra opción. ¿Que garantía prueba que el que escucha la Palabra de Dios, cree y aplica todo lo que oye? Más bien hoy en día, todo se cuestiona. El enemigo sigue lanzando ideas que al aceptarlas se convierten en nuevas ideologías, logrando llevar al "creyente" a cuestionar en todo a Dios, -¿Por qué debo hacerlo así? -¿Para qué? - ¿no seria mejor como yo pienso? - ¿Y si no es cierto?

> **Hoy nos confrontamos con el razonamiento humano, que todo lo cuestiona, aún lo que está escrito en la Palabra.**

El ser humano no esta dispuesto a obedecer, ni sujetarse estrictamente a la ley de Dios. El ataque que tuvo la Iglesia después de su resurgimiento fue: el levantamiento de corrientes ideológicas griegas.

Los gnósticos (idealismo de la Nueva Era) iluminación de la mente, mezcla de ocultismo, esoterismo y el culto falso a Mitra, (Magia negra) todo esto trajo oscurantismo en esa época, junto con las contrariedades entre las religiones existentes. Hoy el ataque vuelve a ser el mismo pero con mas intensidad. Las ideologías se han multiplicado con las mismas fuerzas y esencia del ayer. Filosofías huecas, ideologías antagónicas que son la guerra de las religiones se están fortaleciendo y tomando las naciones. Una ideología puede ser peligrosa no solo por mover masas sino por el poder del control religioso, a través de la fuerza y destrucción. El mundo esta bajo contienda de muerte y persecución, contra el cristianismo.

Al cielo y a la tierra pongo hoy como testigos contra vosotros de que he puesto ante ti la vida y la muerte, la bendición y la maldición. Escoge, pues, la vida para que vivas, tú y tu descendencia, amando al SEÑOR tu Dios, escuchando su voz y allegándote a Él; porque eso es tu vida y la largura de tus días, Deuteronomio 30:19-20 BLA

Tomando las Correctas Decisiones

Cuando tomas el camino equivocado te expones a perdidas espirituales. Muchos intentan hacerlo bien, pero hacen completamente lo contrario a lo que Dios establece por Su Palabra. Trata de no altercar con lo instituido por Dios, si no lo entiendes igual acéptalo.

> **Tu vida futura depende de las decisiones que hagas hoy. Las decisiones incorrectas afectarán tu generación.**

No busques respuestas en las ideologías filosóficas, que solo contaminaran tus sentidos, cree y acepta la interpretación correcta de la Palabra de Dios. Cuando pones a Dios y a su Palabra, a un lado, en lo más profundo de tu corazón no estás dispuesto a obedecerlo. Si eso pasa, tú estás listo para sucumbir bajo esa maldición. Si no quieres dejar totalmente tus pecados que pueden ser "tus vicios" te va ser muy difícil consagrarte a Dios.

Muchos creyentes estarán por la eternidad en el infierno, porque escogieron hacer su propia voluntad; despreciando la Dios.

> **Si el hombre camina siempre haciendo su buena, agradable y perfecta voluntad, se librarían de muchos malos inconvenientes en la vida.**

Así que, hermanos, os ruego por las misericordias de Dios, que presentéis vuestros cuerpos en sacrificio vivo, santo, agradable a Dios, que es vuestro culto racional. No os conforméis a este siglo, sino transformaos por medio de la renovación de vuestro entendimiento, para que comprobéis cuál sea la buena voluntad de Dios, agradable y perfecta. Romanos 12:1-2

Recuerda, el Señor te dio la decisión de escoger, y respeta tu voluntad porqué Él te dio el libre albedrio.

Aprendiendo a Hacer la Voluntad de Dios

Tú tienes una voluntad propia que Dios te concedió, a eso se le conoce como "la voluntad del hombre natural." El hombre se ha manejado siempre desde que fue creado, en su libre albedrio.

> **Dios quiere que le entregues tu voluntad para que seas libre de maldición.**

Moisés declara que hay dos voluntades en el mundo, la del hombre y la de Dios.

Y dijo Moisés: En esto conoceréis que Jehová me ha enviado para que hiciese todas estas cosas, y que no las hice de mi propia voluntad. Números 16:28

Este texto sencillo nos da a entender que hay

una voluntad humana que no siempre es la correcta y otra que es la voluntad de Dios. A pesar de esto muchos siguen repitiendo las normas aprendidas de la infancia o los patrones de comportamiento que ven a otros hacer. Si eres realmente un hijo de Dios, debes hacer la voluntad del que te llamó. Muchas veces por tanta inmadurez se actúa con insensatez y capricho haciendo las cosas sin reconocer la perfecta voluntad de Dios.

¿Porque no puedes confiar totalmente en tú voluntad humana? Tienes que entender que tú voluntad está dañada por el pecado original y que esta contaminada por la rebelión.

El corazón si no está totalmente entregado para hacer la voluntad de Dios, nunca escogerá el camino correcto, eso quiere decir que continuamente se estará equivocando al tomar decisiones personales, una y otra vez. Un corazón endurecido o alejado de Dios no tendrá un buen entendimiento y la correcta visión estará turbada. Eso hace que esté fuera de la voluntad verdadera de Dios.

La testarudez es parte de la naturaleza caída y eso hace que la persona no sepa por sí misma resolver sus problemas.

Algunos nunca se dejan ayudar; no aceptan consejo y se encierran en sí mismos. Eso hace que se confundan y se desorienten, su acciones son turbias y no han puesto en orden sus vidas porque desconocen la voluntad de Dios. Lamentablemente muchos creyentes no gozan de victoria total porque no conocen la verdad.

En Juan 7:17 dice: *El que quiera hacer la voluntad de Dios, conocerá si la doctrina es de Dios, o si yo hablo por mi propia cuenta.*

Esta es una decisión que sólo la persona puede hacerla.

Pablo conocía muy bien la importancia de entregar la voluntad al Señor, y eso lo expreso en la carta a los Colosenses diciendo:

...Por lo cual también nosotros, desde el día que lo oímos, no cesamos de orar por vosotros, y de pedir que seáis llenos del conocimiento de su voluntad en toda sabiduría e inteligencia espiritual. Colosenses 1:9

La palabra "voluntad" en griego es [*thelema*] que significa: determinación. Hay muchas personas en la vida con buenas intenciones para hacer las cosas, pero esto no tiene nada que ver con hacer la voluntad de Dios. Muchos tienen buenas razones, pero ellas no son la garantía que sean las correctas. Judas tenía buenas razones, y los principales religiosos también, de denunciar y matar a un traidor de la ley. Pero esas buenas intenciones no estaban alineadas a Dios Padre. Ellos no eran consientes de lo que hacían.

En la escena de la crucifixión hasta el enemigo de Jesús estaba confundido.

La verdadera voluntad esta por encima de las emociones del hombre y se basa en principios de la verdad de Dios y su rectitud. El Salmo 143:10 dice: *...Enséñame a hacer tu voluntad, porque tú eres mi Dios; Tu buen espíritu me guíe a tierra de rectitud.*

¿Cuál es tu elección y tú deseo?. En Mateo 7:21 Jesús define claramente en gran determinación lo que esta dispuesto en el corazón del Padre: *No todo el que me dice Señor, Señor, entrará en el reino de los cielos, sino el que hace la voluntad de mi Padre que está en los cielos.* Para hacerla hay que conocerla y eso lleva tiempo, dedicación y quebrantamiento de uno mismo. ¿Quién es el que puede alcanzar el privilegio de ser hermano de Jesús? Mateo 12:15 dice: *el que haga la voluntad del Padre.* El Padre escogió a Jesús para que fuera el único camino para perdonarnos los pecados y para salvarnos; para limpiarnos de toda maldad y para libertarnos. El que no recibe el perdón a través del hijo no puede ser perdonado. Solo Jesús abolió la maldición que estaba sobre la humanidad.

¿Qué sucede cuándo eres libre de la maldición [alah]? Cuando esta maldición se va, se rompe la inmundicia, se quita el deseo de seguir pecando, se echa fuera la incredulidad. Cuando pones a Dios en primer lugar en tu vida, tienes la autoridad en el Nombre de Jesús, para echar fuera todo espíritu que quiera venir a atormentarte.

> **Jesús es el único que te podrá hacer libre, pero tienes que anhelarlo y desearlo.**

Cuando se rompe con el pecado la persona puede sentirse victoriosa de que tuvo la autoridad para vencerlo en el Nombre de Cristo. Si sientes que a tu vida ha venido una maldición generacional o por una decisión errónea que tú tomaste, rómpela ahora en el Nombre de Jesús. Hazlo no dudes en tu corazón. La maldición se rompe cuando vuelves tus ojos a Él, y estas dispuestos a someterte a su Palabra y darle la prioridad en tu vida.

Si el hijo os libertare, seréis verdaderamente libres. Juan 8:36

La Voluntad de Dios Es Que Seamos Libres

Para ello hay que anhelarlo, quererlo, buscarlo. Necesitamos humillarnos delante del hijo justo y fiel Jesucristo para que seas verdaderamente libre.

Cree y repite éstas palabras cada día: Es la voluntad de Dios que tenga trabajo y sea prosperado; que tenga salud, y que viva libre de la opresión negativa. Acepto con fe y humildad el don de Dios que es Jesucristo, y vivo libre de presiones mentales, inútiles y estériles. Reprendo la imaginación que proviene de mis sentimientos y no del Espíritu de Dios. Soy libre de todo engaño, mientras recibo la vida que Cristo ofrece, en Él soy más que victorioso en mí caminar diario.

Saliendo de la Maldición /Arar/

11

La Influencia de Babilonia Activa la Maldición

Si no oyereis, y si no decidís de corazón dar gloria a mi nombre, ha dicho Jehová de los ejércitos, enviaré maldición sobre vosotros, y maldeciré vuestras bendiciones; y aun las he maldecido, porque no os habéis decidido de corazón. Malaquías 2:2

La maldición /arar/ #779, significa abominar, maldecir severamente, maldito.

"Bendición por la obediencia y maldición por la desobediencia," es un principio fundamental que demarca unas pautas sumamente importantes en el Antiguo Testamento. Es decir, la palabra no se puede torcer para la propia conveniencia. Esta acción desata /Arar/.

El pueblo de Israel, después de estar por casi dos generaciones conviviendo bajo el sistema Babilónico, estaba contaminado en sus costumbres por la gran influencia de ésta cultura pagana. Aún hoy en día, lamentablemente muchos de los llamados cristianos están más adaptados al sistema de este mundo, que al evangelio verdadero. Esta es una maldición que provoca la perdida de la gracia. Los que se apartaron de Dios y aquellos que juegan con el evangelio, viven oprimidos; se vuelven antipáticos e insensibles al Espíritu de Dios. La persona se presenta incómoda, en medio de los creyentes fervientes, sienten que esta gente los desprecian.

> **Esta maldición se activa cuando no se honra a Dios en totalidad, la honra debe salir de lo mas profundo del corazón.**

Babilonia, Persia y Grecia fueron grandes culturas que trajeron influencias negativas contra la fe que sostenía Israel. El pueblo de Dios fue afectado y muy contaminado, aún por Babilonia su comercialización y su encantamiento.

El apóstol Pablo tuvo un ejemplo de esta confrontación; fue despreciado por los judíos y rechazado por griegos los helenistas. Cuando salió de la ciudad de Corintio para entrar en Éfeso, ahí se encontró con esta dualidad: o apoyaba la filosofía que ellos creían ó les presentaba las nuevas noticias de salvación a través de Jesucristo. Lamentablemente muchos se burlaron de él mientras que unos pocos aceptaron la verdad.

> **El evangelio no se adapta a las mentes humanas; el evangelio transforma, cambia, libera. La mente del hombre**

> es la que se debe acoplar a la verdad que proviene de Dios.

Pablo llego a Éfeso trayendo un gran desafío, para las mentes de los filósofo y gnósticos. Todo lo que estaba oculto: idolatría a través de sus estatuas y dioses, paganismo de las ciencias antagónicas, hechicería de Delfos, magia de los oráculos, adoración a la serpiente, todo fue sacudido por el mensaje del Apóstol. Pablo esgrimió la espada de la palabra en el Espíritu con revelación y el error que estaba en los corazones comenzó a manifestarse, muchos resistieron sus palabras mientras que otros aceptaron el evangelio.

> **Así mismo es ahora, cuando la Palabra de Dios confronta las ideologías humanas.**

Cuando el evangelio del Reino llega a un lugar, se rompe la obra de maldad para exaltar la grandeza de nuestro único Rey Jesucristo. Cuando hay palabra de liberación, es difícil que lo inmundo quede escondido.

> **No es necesario aceptar las cosas contaminadas como normales, estamos llamados a marcar la diferencia, ¡rompe con lo que Dios no aprueba!**

Hoy aún hay mucha influencia de Babilonia en el ambiente, cargado de idolatría a los hombres, mezclado con misticismo que proviene del paganismo antiguo. Todavía falta mucho discernimiento en el cuerpo de Cristo, para comprender lo que es de Dios y lo que proviene del ocultismo. La falta de conocimiento trae la maldición /*arar*/. Esta maldición también alcanza por:

Venerar a los Muertos

Hay personas que mantienen fotos de sus parientes muertos, levantándoles altares llenos de flores y velas. Y aunque ellos ya se han convertido al cristianismo y dicen creer en Cristo, llegan a su casa y veneran a un muerto.

No van al cementerio pero tienen el cementerio en la casa. Costumbres paganas que se deben dejar a un lado.

A los muertos no se les adora, se les recuerda y se les guarda en el corazón. Ellos han sido parte de la vida y Dios nunca va a anular los sentimientos y las emociones de sus amados. Pero la Biblia prohíbe el levantar altar a los muertos. Para recordar a un familiar cercano que falleció, no tienes por qué poner un altar, con flores y guardar las vírgenes y los rosarios que ella quizás poseía. Cuando los apóstoles predicaban, la gente se convertía al evangelio, confesaban sus pecados y traían todo lo que habían poseído en sus prácticas equivocadas lejos de Dios; libros, imágenes, ídolos, amuletos, signos zodiacales y todo lo que tenía que ver con tales actos. Si hoy se hiciera lo mismo añadiríamos a la lista, ángeles, estampitas, rosarios, crucifijos, elefantes para la buena suerte, pirámides, piedras de todo tipo, cuarzos, tabla guija, películas pornográficas, estatuas y todo lo usado en la santería y demás religiones.

Cremación

Existen creyentes que todavía guardan las cenizas de su familiar en la casa. Una vez ministramos en una iglesia donde predicamos sobre la nueva era, y detrás del altar había un frasco grande con las cenizas del pastor. ¡A donde hemos llegado, si adoptamos prácticas y costumbres que no tienen nada que ver con el evangelio de Cristo! Dios nos ha llamado a ser libres de prácticas y costumbres de pueblos paganos como lo es la cremación por ejemplo. A los muertos se les entierra, no se les quema. Eso lo hacían los pueblos paganos como los semitas y babilonios cerca del tercer milenio antes de Cristo.

Las primeras cremaciones estaban conectadas a las ideas de inmolación con fuego a los dioses, tal como Taranis, dios del paganismo céltico; años más tarde la religión hinduista, los griegos y los romanos la adoptaron.

Idolatría

Hay gente que guarda medallas, crucifijos, cadenas de oro y de plata con vírgenes y cruces como un recuerdo familiar. Hay que deshacerse de todo lo relacionado con la Idolatría. Dice la Biblia: "La verdad os hará libres"; pero para muchos vivir esa verdad les cuesta, porque no quieren romper con tradiciones familiares heredadas. Hay una gran cantidad de creyentes que aun están aferrados a las culturas ancestrales de sus países, especialmente al folklor que desciende de religiones paganas. Aunque se convierten al cristianismo, todavía siguen aferradas a las costumbres de sus pueblos y países. La gran mayoría, lo hacen por desconocimiento, otros por ignorancia espiritual, algunos por desobediencia a Dios, mientras que un gran porcentaje son indiferentes a la enseñanza de Dios, prefiriendo vivir una vida llena de miseria, pobreza, enfermedad.

> **Si tienes cosas en tu casa que han sido consagradas a una imagen o ídolo, quítalas.**

La Biblia dice que cuando la gente se convertía al evangelio, las cosas que no eran aceptables ante los ojos de Dios, eran traídas a los pies de los apóstoles para ser quemadas.

Cuadros, Libros, Música y Películas

La maldición /*arar*/ se activa cuando se tienen cosas que no se deberían poseer. Si fuiste libre de la meditación trascendental o del yoga, no deberías guardar ningún libro que hable al respecto.

Si fuiste libre del cigarrillo o del alcohol, trata de no participar de fiestas mundanas donde se tome y se fuma; y tampoco ir a discotecas o estar en reuniones que te puedan influenciar a caer nuevamente en aquello de lo que Dios ya te libro.

Tu no necesitas tener colgado detrás de la puerta ningún amuleto para protegerte (herraduras, plantas chinas, budas, cabezas de ajos o estampas de la virgen) ya que la maldición te alcanza cuando tienes objetos de este tipo en tu hogar.

Quítalo y unge tu casa con aceite; aplicando la sangre de Jesús en cada dintel de las puertas y ventanas, y pídele a Dios que los ángeles del Señor acampen alrededor de tu hogar y veras el cambio.

Ocultismo

Muchos dicen que no creen en el zodíaco, pero les gusta escuchar a los síquicos por TV para saber que va a pasar con su vida, de acuerdo con los signos zodiacales. Tú no necesitas ninguna predicción astrológica o futurista de parte de las tinieblas que te diga lo que va a pasar con tu vida. Lo más triste es que hay personas que han practicado el ocultismo en el pasado, y quieren implementar sus ritos en la iglesia y en sus oraciones.

> **La oración no puede usarse para controlar, ni manipular a nadie. La oración no es magia, ni es adivinación.**

Si tu familiar es inconverso ora para que el Espíritu Santo sea el que le abra los ojos espirituales, traiga convicción de pecado y espíritu genuino de arrepentimiento para que pueda ser transformado por el Poder de Dios. La oración es la forma en la que tú te conectas con Dios y El siempre escucha el clamor del justo. Recuerda que el Señor se va a glorificar por causa del clamor y de tus oraciones en favor de los demás.

> **Cuando tú ores pídele a Dios que se haga Su voluntad perfecta en tu vida; pero no ores pensando que le vas a torcer el brazo a Dios.**

No se puede mezclar lo santo con lo profano. Cuando una persona ha sido libre de las practicas del ocultismo, tiene que estar en contacto muy profundo con Dios y ser discipulado por un líder maduro en la fe que lo ayude; porque si no, podrá utilizar lo que aprendió en su vida de ocultismo y mezclarlo en el cristianismo.

Folklorismo

La maldición /*arar*/ viene a las vidas muchas veces por conservar objetos folklóricos y cosas típicas de cada cultura. Muchos de ellos representan los dioses adorados por sus ancestros, y operan en el mundo espiritual de las tinieblas, influenciando a las personas porque fueron dioses vendidos como suvenires consagrados a los demonios.

Las personas que han viajado a otras naciones y compran artesanías del folklor de ese país, como por ejemplo, esculturas indígenas o artesanías (ya sea en América Latina o en países del medio oriente o África), y las llevan a su casa como adorno, no entienden que esos productos pueden traer una influencia espiritual contra su hogar.

Los verdaderos creyentes saben que tienen un Dios que es Espíritu, y que habita en medio de su vida, y se mueve de una manera especial. Si crees en Dios no puedes tener otros dioses, ni imágenes, que adornen tu pared para proteger tu casa. Recuerda que todo tipo de imágenes o elementos folklóricos que tiene que ver con el mundo espiritual, atrae demonios que abren puertas a las maldiciones para tu vida.

No necesitas tener un cuadro del dios sol que veneran los mayas o los aztecas colgados en la pared de tu casa como un adorno, porque ese no es dios. Dios es un Dios que te bendice en la medida en que le crees y le obedeces.

Dios nos ha dado la oportunidad de conocer países maravillosos como Perú, Guatemala, Colombia, Bolivia o México que tienen una fuerte influencia indígena (por los antepasados incas, mayas o aztecas) que venden artesanías que representan los dioses y la veneración que tenían sus ancestros; ¡Evítalas tenerlas en la casa!

▪ Ropa y Accesorios

Si tu cuerpo es el templo del Espíritu Santo no puedes estar cargando en él amuletos, crucifijos y cosas que a Dios no le agradan. Todo aquello que entre a tu casa o sea puesto en tu cuerpo que no le agrade a Dios, puede lastimarte y acarrear maldición para tu vida, tales como: Joyas precolombinas como, dijes con figuras extrañas que tu no sabes que significan, piercing, tatuajes, adornos chinos con imágenes de dragones, cintas, tiritas, collares, lazos que se entrelazan en las manos (han sido rezados por brujos o chamanes, para que a quienes los usan les vaya bien y sean protegidos del "mal de ojo" y de la "mala suerte.") Asimismo talismanes, cristales, cuarzos, símbolos del ojo azul y negro, pulseras con bolas negras, camisetas con calaveras o símbolos de la muerte, figuras extrañas con alas, fotos de cantantes de rock pesado, letras que inducen a la sexualidad; en fin, todo lo que no agrade a Dios no lo debes usar ni regalárselo a otros.

La Biblia dice en 2 Timoteo 2:19: *"Apártese de iniquidad todo aquel que invoca el nombre de Cristo"*; lo que este texto quiere decir es que si amas la santidad de Dios, debes apartarte de todo lo que es símbolo de maldad, para no caer en los lazos engañadores del enemigo. Necesitas entonces disciplinarte a ti mismo para que nada te controle.

Fortalecidos con todo poder, ... dando gracias al Padre que nos hizo aptos para participar de la herencia de los santos en luz; el cual nos ha librado de la potestad de las tinieblas, y trasladado al reino de su amado Hijo, en quien tenemos redención por su sangre, el perdón de pecados. Colosenses 1:11-14

Hay personas que tienen fascinación por ver películas de terror y luego no pueden dormir en las noches. Si tú has abierto una puerta para que esos espíritus te atormenten en los sueños y sientas presencias extrañas en las noches, arrepiéntete y pídele a Dios que te de revelación de lo que esto significa, para que lo puedas sacar fuera de tu cuarto y de tu casa en el Nombre Poderoso de Jesús. Por eso la Biblia dice claramente: *No deis lugar al diablo.*

Simplemente limítate a no escuchar o mirar algo que no es de bendición para tu vida. Ten equilibrio y discernimiento para entender lo que a Dios le agrada y lo que no le satisface para ti. *He aquí yo pongo hoy delante de vosotros la bendición y la maldición, la bendición, si oyereis los mandamientos de Jehová vuestro Dios, que yo os prescribo hoy, y la maldición, si no oyereis los mandamientos de Jehová vuestro Dios, y os apartareis del camino que yo os ordeno hoy, para ir en pos de dioses ajenos que no habéis conocido.* Deuteronomio 11:26-28

> **Cuando la Biblia habla de arrancarnos de la condición de maldición en que el ser humano está sumido, se refiere a dos cosas: pecado y desobediencia.**

El pecado es el que le da base legal al enemigo para traer un estado de maldición progresiva en la vida de cualquier ser humano. El poder del evangelio te revela planes y propósitos de Dios, para arrancarte de la maldición, y por medio de la unción de su Santo Espíritu trasladarte del reino de las tinieblas al Reino de la luz. Dios puso en el corazón del hombre aceptar o rechazar su palabra. En ti está el libre albedrio para tomarla o rechazarla; Dios está interesado en bendecirte y así lo hará, si tu decides escoger el camino de la obediencia.

Analizando la Maldición /*Kjerem*/

12

Tocar lo Inmundo Produce Maldición

Entonces Jerusalén, por fin a salvo, se llenará de gente y nunca más será maldecida ni destruida. Zacarías 14:11 NTV

La palabra maldición en hebreo en este texto es /Kjerem/ #2763 y #2764 y viene de la raíz que significa: acabar, anatema, asolar, destruir, separar, como "encerrar en una red", exterminación. Es una palabra que literalmente significa anatema y es una maldición que desata un poder que puede destruir completamente, aniquilar, o herir de muerte a la persona. Esta maldición desata una fuerza demoníaca terrible. Quienes están bajo los efectos de esta maldición tienen la tendencia a morir jóvenes de muertes violentas, accidentes fatales, o por caídas traumáticas e inesperadas. La maldición /kjerem/ viene a consecuencia de tocar algo "anatema" es decir, tener o hacer cosas escondidas que a Dios no le agradan.

Exhortación Para el Pueblo de Israel

Pero vosotros guardaos del anatema; ni toquéis, ni toméis

alguna cosa del anatema, no sea que hagáis anatema el campamento de Israel, y lo turbéis. Josué 6:18

> **Esta maldición entra por un anatema, que es el tomar lo que es maldecido, para guardarlo y venerarlo más que a Dios.**

En la Biblia hay una la historia que nos muestra como esta maldición actúa. Israel poseyó las puertas de sus enemigos y conquisto a Jericó, una ciudad amurallada e impenetrable, pero luego de conquistarla, ellos tenían que poseer una ciudad muy pequeña llamada Hai (que significa: escombros o ruinas), pero no lo lograron.

¿Qué fue lo que paso allí?, ¿Por qué Josué y su ejército vencieron una ciudad impenetrable como Jericó, pero no conquistaron una pequeña ciudad como Hai? Dios les había asegurado la victoria, pero Israel quedó avergonzado.

¿Qué sucedió entonces donde estaba la falla? Por causa de una persona desobediente, todo un pueblo cayó en maldición.

Cuando Josué le preguntó a Dios acerca de su fracaso, el Señor le respondió que la derrota se debía a una maldición. Esta es /*kjerem*/ que aplica en esa situación específica. La derrota en Hai fue terrible para todos y Dios les dijo: *"es porque hay un anatema"* (la palabra anatema significa maldito). En ese mismo momento se activó la maldición /*kjerem*/ por el pecado de un hombre solo, la maldición les cayó a todos.

> **Para no caer en maldición se debe oír atentamente las indicaciones que Dios te da a través de su Palabra.**

La orden del Señor fue: *"cuando entren a Jericó destruyan todo lo que hay,"* pero a pesar de ese mandato, un hombre desobedeció y tomó un manto babilónico, y una pieza de oro y lo escondió en su terreno. Esta maldición puede activarse, cuando se codicia lo ajeno, tomándolo para sí mismo. Cuando tu carnalidad desea lo que proviene de las tinieblas en vez de lo puro que proviene de Dios; cuando finges lo que no eres. Por eso tienes que ser transparente primeramente contigo mismo; delante de Dios y de la gente que está a tu alrededor, que compartes todos los días, tú no puedes decir que crees en una cosa y hacer lo contrario.

Completemos la Figura con Algunos Ejemplos:

1. Cuando un hombre le es infiel a su esposa, la familia completa es perturbada de forma radical porque ese hombre es parte fundamental de ese hogar.
2. Cuando hay un divorcio los hijos son los

afectados y se abre una puerta para las futuras generaciones.
3. Cuando un niño o adolescente es violado, su futuro emocional esta en peligro.
4. Lo mismo sucede en una iglesia, cuando una persona piensa diferente a los demás y actúa de manera contraria, afecta la congregación y lo que Dios quiere hacer en ese lugar.
5. Los jóvenes tienen que tener cuidado de lo que esconden en su cuarto y lo que en la noche hacen. Lo oculto proviene de lo que es maldito o anatema.
6. Si alguien se queda con el diezmo que le pertenece a Dios, esta activando la maldición /*kjerem*/ aunque se justifique. ¿Sabes que puede suceder? Lo que está escrito en Malaquías, Dios no puede bendecir, cuando se le ha robado seas tú u otra persona, uno mismo se cierra las puertas a la bendición de Dios, que es la única que enriquece espiritualmente trayendo paz y haciendo huir la tristeza.

¿Cómo se Rompe esa Maldición?

Se rompe cuando tomas la decisión de soltar lo que es de otro. Cuando tú le dices a Dios: tú sabes lo que yo estoy confrontando en ésta situación, pero yo prefiero serte fiel a ti y creer lo que dice tu Palabra. Cuando tú determinas tomar esa decisión junto con la acción de fe, la maldición se torna en bendición. Dios prometió reprender el devorador de las finanzas cuando le somos fieles. El enemigo no puede tocar, ni dañar la economía que le pertenece a los hijos de Dios.

La Maldición /*Nacab*/ No puede Tocar los Fieles

Esta Maldición No Puede Tocar a los Fieles

Ciertamente tú has dejado tu pueblo, la casa de Jacob, porque están llenos de costumbres traídas del oriente, y de agoreros, como los filisteos; y pactan con hijos de extranjeros. Isaías 2:6

Porque día de Jehová de los ejércitos vendrá sobre todo soberbio y altivo, sobre todo enaltecido, y será abatido. Isaías 2:12

La maldición /*nacab*/ viene de la raíz hebrea, perforar con mucha o poca violencia, calumniar, atravesar, blasfemar, horadar, maldecir, señalar y traspasar. Es una palabra que significa: "lleno de huecos" esta maldición hace que una persona, ciudad o pueblo este siempre expuesta a la violencia. Cuando esta maldición viene sobre una persona, familia, negocio, o nación hace que todo se arruine, la bendición se va, porque se han producido agujeros, y perforaciones.

¿Qué la activa? El orgullo y la altivez, y principalmente la soberbia desatan esta terrible maldición, el creerse sabio en su opinión, la altivez de ojos y de espíritu, el orgullo, la deslealtad hacia el sabio o el consejero, el creerse mas que los demás. El tener un alto concepto de si mismo por lo que tiene o lo que gana. Recuerda que la palabra /nacab/ significa: hacer hueco, o hacer hoyo. En las diferentes definiciones de la acción de las maldiciones, se mueven espíritus malignos que operan específicamente para sacarnos del propósito divino de nuestro creador.

> **En esta maldición se mueve el odio y la maldad, eso significa hacer huecos, para que el hombre y la mujer caigan en ellos y nunca alcancen los propósitos de Dios en sus vidas.**

Dios tenía planes y propósitos maravillosos con José; pero ¿qué hicieron sus hermanos? lo colocaron en una cisterna porque le tenían envidia. Aunque sus planes eran matarlo, un hermano intervino para que fuera vendido a los mercaderes del desierto. La envidia enceguecio los ojos de ellos, engañándolos. Así actúa la envidia en el corazón: manipula los sentimientos y las emociones, cautivando el alma, hasta llenarla de odio.

> **Los celos, la envidia y la contienda, activan la maldición /nacab/. Esta maldición no puede llegar cuando hay un corazón limpio delante de Dios.**

La Maldición /Nacab/ No Puede Tocar los Fieles

A pesar de que José fue aborrecido por sus hermanos, no le llegó la maldición porque Dios estuvo con él y fue honrado a su tiempo delante de ellos.

Tenemos otro ejemplo y es el de Daniel y sus amigos. Ellos se propusieron no contaminarse con el sistema que ofrecía Babilonia, ni con su comida ni con sus ritos. Pronto fueron envidiados y perseguidos para matarlos. ¿En dónde lo pusieron?, en un foso con leones y en un horno ardiendo. Ellos querían acabar con su vida. El diablo no sólo crea los huecos, sino que pone ahí demonios para que los hijos de Dios puedan ser destruidos. Muchas veces seremos presa de opresiones (si fuera por el mismo enemigo, ya estaríamos acabados), pero Dios guarda a los fieles.

Cuando Daniel fue tirado al foso de los leones, Dios envió a su ángel, y Daniel dijo: *"El Dios a quien sirvo ha enviado sus ángeles y le han tapado la boca de los leones"* Daniel 6:22

> **La maldición /*nacab*/ viene como un ataque para parar el destino de un ministerio, de un llamado, de un propósito divino de Dios, pero no puede si encuentra un corazón que le cree.**

¿A dónde fueron tirados los tres amigos de Daniel? En un horno, y ¿de era qué era ese horno? de fuego. La Biblia dice: que cuando los iban a tirar, era tan fuerte el fuego, que los soldados que los iban a tirar a los tres amigos al abrir la tapa se quemaron ellos mismos. Cuando se acercó el Rey a ver lo que había pasado por sorpresa encontró cuatro paseándose en el fuego. Dios había roto la maldición /nacab/ a través de su ángel. El mismo Hijo de Dios, descendió de los cielos para proteger a sus hijos e impedir que la maldición los dañara.

> **La maldición /nacab/ es producida por los que envidian los dones de otros; es utilizada para parar los llamados de Dios en las vidas, pero no puede lograr sus propósitos con los que le creen.**

El enemigo prepara huecos para que los creyentes caigan en ellos, tales como: el desánimo, desaliento, depresión, angustia, tormento y fracaso; pero queremos decirte que no importa el hueco que el diablo haya cavado contra tú vida; de ahí saldrás victorioso si tan solo le crees y permaneces fiel. Cuando llegue el momento en tu vida en que estés desanimado no mires el problema, atrévete a creer en Dios. Eleva tu rostro al cielo, ya que Dios es Todopoderoso para sacarte del hoyo, y ponerte en un lugar estable y seguro. Dios te dice en esta hora: creé que yo estoy contigo. *¿De dónde vendrá tu ayuda? Del Señor que hizo los cielos y la tierra.* Estas son las palabras que pronunció David. Salmo 121:1

> **Por encima de todo intento de los envidiosos hay un destino profético de Dios sobre tu vida.**

Aunque el diablo quiera construir un hoyo para destruir tus finanzas y tu vida matrimonial, tu le dices: "Dios yo me voy a levantar porque yo sé que el pozo no es lugar para mí. Mi destino es Tu gloria, Tú presencia, es hacer lo que Tú quieres que yo haga."

Rompe con toda maldición /*nacab*/ que haya sido activada en tu vida, y declara que no vas a caer en el pozo de los leones, ni en una cisterna seca, ni en foso de fuego; sino que vas a caminar en las alturas como siervo firmemente con Dios.

Revocando la Maldición /Nacab/

Cualquier maldición lanzada sobre una vida, puede ser anulada e invalidada por la obra de Jesucristo, el cordero de Dios que quita el pecado del mundo. Él fue hecho maldición para que a cambio de los que creen en Él recibieran bendición.

> **Recuerda que no fue sólo en donde murió, sino que a la vez, fue nuestro sustituto. Él tomó nuestro lugar.**

Para que la abominación sea rota en tu vida, lo tienes que anhelar y debes creer, que por la sangre de Cristo eres una nueva criatura; que las cosas viejas pasaron para que todo ahora, sea hecho nuevo.

> **El único que tiene el poder para romper la maldición /*nacab*/ sobre tu vida es el Poderoso Nombre de Jesucristo.**

Debes desear ser libre y orar creyendo que toda maldición es rota en tu vida en el Nombre poderoso de Jesucristo. Él sufrió los efectos de cada maldición que se había establecido sobre la humanidad cargándola y llevándola en su propio cuerpo. Es necesario pedir perdón al Padre Eterno en el nombre de nuestro Salvador y Señor Jesucristo.

Puedes orar a Dios: "Señor no quiero vivir bajo ninguna maldición, perdona el pecado de mis padres, si hubo asesinato, yo creo que por tus manos y pies horadados soy libre. Perdona el pecado de mis generaciones pasadas, si hubiera accidentes, muerte repentina, y violencia doméstica o asesinato, soy libre por la muerte en la cruz en el Nombre de Jesús. Yo recibo hoy la cobertura de Dios, el respaldo de la Palabra, y estoy dispuesto a caminar bajo tu bendición. En el Nombre de Jesús, Amén."

Andando Bajo Bendición

14

Los Resultados Fructíferos de Obedecer a Dios

Por lo tanto, asegúrate de obedecer cada uno de los mandatos que te entrego hoy, a fin de que tengas fuerzas para tomar la tierra donde estás a punto de entrar. Si obedeces, disfrutarás de una larga vida en la tierra que Dios juró dar a tus antepasados y a ti, que eres su descendencia, ¡una tierra donde fluyen la leche y la miel! Deuteronomio 11:8-9

En éste texto encontramos las promesas que Dios le dio a Israel cuando fuere introducirlo a la tierra prometida. "Larga vida" y "abundancia" pero con una condición: obedecer!. En el versículo trece dice: ...*Si obedeces cuidadosamente todos los mandatos que te entrego hoy y si amas al Señor tu Dios y lo sirves con todo tu corazón y con toda tu alma, él mandará las lluvias propias de cada estación. ...Te dará buenos pastizales para que se alimenten tus animales, y tendrás todo lo que quieras comer.* El Señor resaltó aquí dos cosas que quería que su pueblo hiciera: amarlo y que le sirviera con todo el corazón. El Señor sabía que el corazón de ellos era engañoso y perverso; y que el alma del hombre siempre estaría en disputa con la voluntad de Dios; pero (había una condición) si ellos se mantenían en una postura correcta, (cumpliendo la promesa hecha a Dios), tendrían siempre todo lo que les apeteciese comer. Eso implicaba, comida, abundancia de trabajo y la aprobación del cielo, que es la bendición de Dios. *La bendición de Jehová es la que enriquece, Y no añade tristeza con Ella.* Proverbios 10:22

Lamentablemente el Señor Jehová conocía el corazón de su pueblo que siempre se inclinaba al mal, por eso le exhorta ... *Pero ten cuidado. No dejes que tu corazón sea engañado y entonces te alejes del Señor y sirvas y rindas culto a otros dioses. Si haces eso, el enojo del Señor arderá contra ti. Entonces cerrará el cielo y detendrá la lluvia, y la tierra dejará de producir sus cosechas, así que pronto morirás en esa buena tierra que el Señor te da.* Deuteronomio 11:16-17 BNTV

¿Se puede morir en una buena tierra? Si claro, morir espiritualmente es estar lejos de las bendiciones de Dios y caer en maldición. Por cierto los idólatras caen en maldición de pobreza, también de ceguera espiritual, (son ciegos guías de ciegos) y lo peor de todo es que no gozan de las bendiciones que Dios ha proveído para los entendidos.

La advertencia estaba en medio de la bendición.

Por lo tanto, comprométete de todo corazón a cumplir estas palabras que te doy. Enséñalas a tus hijos. Habla de ellas en tus conversaciones cuando estés en tu casa y cuando vayas por el camino, cuando te acuestes y cuando te levantes.

...para que, mientras el cielo esté sobre la tierra, tú y tus hijos prosperen en la tierra que el Señor juró dar a tus antepasados. Deuteronomio 11:18-19 ^{NTV}

> **Asegúrate de obedecer todos los mandamientos que Dios te entregó, para demostrarle tu amor, obedeciendo y andando en sus caminos.**

A Israel se le especificó bien claro, que todo se le cambiaría, el día que dejaran a Dios e hicieran las prácticas de las naciones paganas.

> **Las bendiciones requieren un pacto de compromiso y obediencia.**

Hacer lo contrario produce que Dios mismo no se comprometa en bendecir, eso hace que los cielos se cierren y no caiga la bendición. (Puedes leer el capítulo completo de Deuteronomio 27 y 28).

La iglesia hoy es el Israel espiritual, y la exigencia de la santidad de parte de Dios, es la misma.

Si la gente prestara más atención a la Palabra de Dios y la obedeciera poniéndola por práctica, podría reclamar todas sus promesas y sin dudar se cumplirían.

Si obedeces al Señor tu Dios, recibirás las siguientes bendiciones:

- Tus ciudades y tus campos serán benditos.

- Tus hijos y tus cosechas serán benditos.

- Las crías de tus rebaños y manadas serán benditas. (el trabajo de tus manos).

- Tus canastas de fruta y tus paneras serán benditas (el pan siempre estará sobre tu mesa).

- Vayas donde vayas y todo lo que hagas, serás bendito.

- El Señor vencerá a tus enemigos cuando te ataquen. ¡Saldrán a atacarte de una sola dirección, pero se dispersarán por siete!

- El Señor te asegurará bendición en todo lo que hagas y llenará tus depósitos con granos. El Señor tu Dios te bendecirá en la tierra que te da.

- Te confirmará como su pueblo santo, tal como juró que haría.

Andando Bajo Bendición

- El Señor te dará prosperidad.

- Te bendecirá con muchos hijos.

- Tú prestarás a muchas naciones pero jamás tendrás necesidad de pedirles prestado.

- Serás cabeza y no cola, y siempre estarás en la cima, nunca por debajo.

- No te apartes de ninguno de los mandatos que te entrego hoy, ni sigas a otros dioses ni les rindas culto.

Cómo Ser Libre de la Culpabilidad

15

¿Cómo Ser Libre de la Culpabilidad?

La culpabilidad, viene del original griego /ukodikos/ que significa: *uno que esta bajo juicio y sufriendo consecuencias y castigos por sus malas acciones*; o *"circunstancia de ser responsable de una acción negativa."* En otras palabras es sentirse culpable de algo que se hizo incorrecto en el pasado en el cual, en el presente se reciben las consecuencias.

La persona en su conciencia siente que no está bien consigo mismo y menos con Dios. Cuando entiende el error que cometió se produce la culpabilidad y ésta a su vez, produce ansiedad, nerviosismo o estrés en el cual todo esto lleva a perjudicar la salud.

> **Cuando esto sucede es porque la conciencia ha sido alterada violentamente por la culpabilidad.**

A la vez la ansiedad, está conectada con el temor de lo que sucederá en el futuro, por causa de la mala decisión tomada en el pasado. Cuando una persona le falla a Dios, el enemigo lo marca acusándolo constantemente, haciéndole creer que no tiene escapatoria y que es responsable por haber tomado una decisión errada. Su mente es atormentada con dichas palabras: "no busques sanidad ni restauración, eres culpable y si te acercas a Dios para pedirle ayuda te va a castigar con más fuerza."

Cuando una conciencia esta cauterizada por la culpabilidad, la ansiedad y el temor, no puede distinguir tampoco la diferencia, entre el bien y el mal. Este es un espíritu que oprime y se enseñorea de las almas trayendo una profunda intensidad de condenación. Las personas que son atacadas por la culpabilidad se creen que no son merecedoras de la gracia de Dios en sus vidas. Evidentemente el enemigo logró cautivarlos en ésta área de pecado del pasado, atando sus mentes al recuerdo, sin valorar la salvación.

> **Si las personas no se apropian por la fe del perdón de Dios que está dentro del plan de salvación, a través de la muerte de Jesús en la cruz; el fracaso y la culpabilidad lograrán martirizarlos y esclavizarlos a su pasado.**

Se necesita tener una revelación de como opera la culpa pero también como trabaja mas maravillosamente el perdón divino. El perdón está disponible para cualquier persona que se arrepiente de corazón.

- En Romanos 3:22-23 dice claramente que: *"... la justicia de Dios por medio de la fe en Jesucristo, para todos los que creen en él. Porque no hay diferencia, 23 por cuanto todos pecaron, y están destituidos de la gloria de Dios."*

- Proverbios 20:9 *"¿Quién podrá decir: Yo he limpiado mi corazón limpio estoy de mi pecado?"*

- Eclesiastés 7:20 *"Ciertamente no hay hombre justo en la tierra, que haga el bien y nunca peque."*

La Palabra de Dios es clara cuando dice que por consecuencia del pecado, todos quedaron destituidos de la gloria de Dios, y han sido concebidos en pecado e iniquidad (Salmo 51:6-7). Cuando se comprende esta verdad bíblica, la cual habla del pecado y de sus consecuencias, se entiende que todos necesitan ser alcanzados por la redención del calvario. Nadie queda excluido, y no se puede llegar a Dios por ninguna otra forma sino a través de Jesús. Bíblicamente no existe otra manera. Este es el mensaje que se ha predicado por mas de dos mil años.

Toda persona debe ser redimida lo que significa totalmente perdonada por el sacrificio perfecto de Cristo en la cruz, ésta es la única manera para ser libre de la culpabilidad que produce los pecados del pasado.

¿Qué Intenta Producir el Espíritu de Culpabilidad en la Persona?

- Atarlo al recuerdo del pasado.

- Ponerle una coraza de protección falsa para que crea que nadie lo entiende ni lo pueden ayudar.

- Mucha incredulidad; al pensar que no existe solución para ese problema, y que es mejor olvidarlo e ignorarlo; aunque siempre este ahí atormentando el alma, que se mantiene herida sin sanar.

- Negar la obra redentora de la Cruz, trayendo una intensa nube de tinieblas espirituales en sus sentimientos para que el alma este atrapada en cautividad bajo esta operación constante de tormento.

¿Qué Es la Gracia?

Es cuando Dios nos da lo que no nos merecemos. Es el regalo de Dios a la humanidad; un regalo es gratis. Aunque no nos merecíamos ser perdonados, Él por su gracia nos perdonó. No merecíamos ser alcanzados por su perdón, pero Él nos alcanzó.

¿Qué Es la Misericordia de Dios?

"Es cuando te dan más de lo que mereces". Es el amor incondicional de Dios hacia el hombre; es Jesús encarnado que entregó todo, sin esperar recibir nada a cambio. Por eso nosotros le debemos de amar, porque Él nos amó primero y dio su vida en rescate de todos. La persona que está atormentada por un espíritu de culpabilidad, puede tener problemas en aceptar la dádiva del perdón de Dios. Mientras el hombre o mujer se sienta culpable, no va a poder aceptar la gracia de Dios; solo el Espíritu Santo puede convencer al hombre de pecado y a la vez llevarlo a la cruz del calvario para que sea libre.

> **Cuando una persona vive bajo la gracia y la misericordia de Dios esta exaltando continuamente en su vida la obra redentora de Jesucristo en la cruz.**

El enemigo insiste en traer a las vidas toda clase de culpabilidad, especialmente por algo que se hizo en el pasado, eso se llama condenación y proviene de la boca acusadora de satanás. Si tú fuiste afectado por esto, es ahí cuando te tienes que levantar en fe.

¿Qué Es Tener una Firme Convicción?

Satanás no tiene el poder de convicción pero si de condenación. La convicción es traída directamente por una obra genuina del Espíritu Santo. Cuando una persona se ha arrepentido de sus pecados, Dios no vuelve a traer condenación ni recuerdos que mortifican al alma; porque ya hubo un arrepentimiento de ese pecado delante del Señor.

Quiero decirte que no puedes seguir llorando el pecado de años atrás. Si ya te arrepentiste de ese pecado y Dios te perdono, ¿porqué sigues sintiéndote culpable? lo que Jesús hizo por ti en la cruz es más que suficiente para perdonar todos los pecados del pasado que ya fueron confesados. Jesús le dijo a la mujer adúltera: *"vete y no vuelvas a pecar mas, ni Yo te condeno..."* Para que nunca mas el enemigo se enseñoree de tu alma debes hacer una decisión como Jesús le dijo a la mujer: ¡No volver a pecar más!

En la iglesia de Cristo hay suficiente gente condenada por la culpabilidad, y eso los hace sentirse alejados de las bendiciones de Dios. La condenación viene del exterior hacia nuestra mente; y todo lo que viene de afuera hacia adentro lo produce el enemigo. La culpabilidad no hallará mas reposo en ti cuando hagas hecho un pacto con Dios en el cual incluye: ¡*te prometo que no pecaré más*!

El evangelio de Juan dice: *Cuando venga el Espíritu Santo, este convencerá al mundo de pecado, de justicia y de juicio.* ¡Necesitamos al Espíritu Santo en nuestras vidas, en la iglesia, y en nuestro país!

¿Qué Causa la Condenación de Una Persona?

1. **Produce no perdonarse a sí mismos:** Mantener una tristeza en el alma creyendo que son siempre incapaces de ser dignos de alcanzar metas y victorias.

2. **El no apropiarse de la obra redentora de Jesús:** Estas personas sufren de tanta condenación que cuando se les habla de ser libres; ven la libertad como una amenaza a sus sentimientos, porque el sentimiento tiene características de culpabilidad. La Biblia dice que la verdad nos hace libres. ¿Porqué entonces seguir amordazado por un espíritu de culpabilidad, si ya se ha dictaminado inocencia, según el sacrificio de la cruz de Cristo en el calvario?

3. **Autocastigo:** Cuando cometen una falta, primero esperan sufrir lo suficiente para después pedir perdón. Es como si necesitaran padecer demasiado. Ellos expresan que están bajo un castigo religioso. También llegan a pensar que pueden alcanzar misericordia por el castigo autoimpuesto por el sufrimiento en sus vidas. Ellos mismos se

dan látigo y tratan de atraer la atención de todas las personas hacia si mismos.

4. **Se sienten indignos:** Ellos piensan: porque Dios me perdonaría?, yo no soy digno del perdón de Dios. - ¿podría Dios usarme después de haber llevado una vida tan llena de pecado?. Aunque somos indignos Cristo nos hizo dignos por su gracia trasformada en amor.

5. **Son Compulsivos:** Algunos intentan superar la culpabilidad usando drogas, alcohol, o teniendo una vida sexual desenfrenada; siendo adictos al trabajo, las compras, o al ejercicio compulsivo. Estas personas tratan de distraerse de la culpabilidad haciendo cosas que los mantengan entretenidos.

6. **Falsa Humildad:** Ellos piensan que cuantos más pobres son, mas Dios los amará. Ellos se privan de cosas que Dios quiere darles en el área material. Todo el tiempo se están auto lamentando. Esa falsa humildad viene de un espíritu de culpabilidad oculto moviéndose bajo un espíritu de religiosidad.

7. **Generalmente se esconden bajo un**

falso manto de baja autoestima: No se aman a si mismos.

8. **Hacen buenas obras para limpiar su conciencia.**

9. **Le echan la culpa a los demás de sus problemas.**

Muchos están cautivos por la culpabilidad, aunque lleven años en el evangelio, no han conocido el poder de la cruz, y han negado la eficacia de la redención del calvario. En 1 Juan 1:9 dice que *"Si confesamos nuestros pecados, él es fiel y justo para perdonar nuestros pecados, y limpiarnos de toda maldad."*

Ignorar la misericordia de Dios es no tener en cuenta su perdón que viene por gracia. Muchos esperan sentir algo especial al recibir el perdón de Dios sobre sus vidas. El perdón se recibe por la fe en lo que Jesús hizo en la cruz; no se debe sentir nada en especial, ni ver visiones sobrenaturales para creer en Él.

> **Te aconsejo que renuncies a la culpabilidad y a la condenación, para recibir de parte de Dios el perdón y la sanidad de tu alma.**

Como hemos escrito anteriormente la culpabilidad drena la fuerza física, genera muchas enfermedades en el cuerpo y en la mente y bloquea la relación con Dios. Hebreos 4:15 nos dice: *"Porque no tenemos un sumo sacerdote que no pueda compadecerse de nuestras debilidades, sino uno que fue tentado en todo según nuestra semejanza, pero sin pecado."* La gloria siempre va a ser para Él, quien es el único Salvador y sanador del alma.

¿Cómo Salir de la Culpabilidad?

- Reconoce que has fallado.

- Pídele al Espíritu Santo que puedas sacar a luz eso que te atormenta en lugar de reprimirlo.

- Recibe el perdón de Dios y acéptalo en tu vida.

- Camina más en el espíritu que en la carne ya que si andamos en las obras de la carne siempre sentiremos condenación.

Recuerda: Una vez que la conciencia es redimida y liberada de la culpabilidad, te indica lo que es bueno y lo que es malo; lo que tienes que aceptar y lo que no tienes que aceptar. El Espíritu Santo va tomando dominio de tu conciencia interior.

Cómo Ser Libre de la Culpabilidad

Tenemos u ejemplo en el evangelio de Juan 8:9 y dijo: *"Pero ellos, al oír esto, acusados por su conciencia, salían uno a uno, comenzando desde los más viejos hasta los postreros; y quedó solo Jesús, y la mujer que estaba en medio."*

> **Cuando el enemigo trae culpabilidad por algo que se ha hecho en el pasado y que puede venir a la memoria de la persona después de haberle pedido perdón a Dios, eso se llama condenación.**

Libres de la Acusación

Entonces me mostró al sumo sacerdote Josué, que estaba delante del ángel del SEÑOR; y Satanás estaba a su derecha para acusarlo. Y el ángel del SEÑOR dijo a Satanás: El SEÑOR te reprenda, Satanás. Repréndale el SEÑOR que ha escogido a Jerusalén. ¿No es éste un tizón arrebatado del fuego? Zacarías 3:1-2 LBLA

El único que te puede librar de la acusación es nuestro Señor Jesucristo; por eso es que el enemigo se levanta con la acusación para hacerte caer en su sucio juego. ¿Qué es lo que busca? detenerte para que no sigas avanzando en lo que Dios te ha llamado hacer. Si él logra desanimarte con sus acusaciones, te sentirás incapaz de hacer la obra de Dios. Otra de las cosas que hará es acusarte por las "vestiduras viles" que puedas llevar; pero es ahí donde nuestro Señor Jesucristo te viste de acuerdo con su santidad; y todo argumento de acusación que el enemigo pretenda utilizar en tu contra, será destruido.

Y éste habló, y dijo a los que estaban delante de él: Quitadle las ropas sucias. Y a él le dijo: Mira, he quitado de ti tu iniquidad y te vestiré de ropas de gala. Zacarías 3:4 LBLA

> **Los pecados son quitados de Josué por la intervención del ángel del Señor y no por la justificación propia.**

Cuando el enemigo te ataca, debes entender que en Cristo ya haz sido justificados. Romanos 8:33 dice: *"¿Quién acusará a los escogidos de Dios? Dios es el que justifica."*

Si algún día piensas que Dios se ha levantado para acusarte, eso es una mentira, porque el acusador es el diablo y esta vencido.

Entonces oí una gran voz en el cielo, que decía: Ahora ha venido la salvación, el poder, y el reino de nuestro Dios, y la autoridad de su Cristo; porque ha sido lanzado fuera el acusador de nuestros hermanos, el que los acusaba delante de nuestro Dios día y noche. Apocalipsis 12:10

La acusación tiene dos caras, por un lado esta el que acusa y por otro lado, esta el que oye. Cuando la persona cree la acusación siendo mentira puede perder hasta el gozo de la salvación. El salmo 51 de David dice: *"devuélveme el gozo de la salvación."* El recuerdo de los pecados del pasado, trae acusación y eso trae tristeza al alma. Dios se mueve a través del arrepentimiento, El es fiel y justo para perdonar pecados. Pero el acusador se mueve en otro ámbito, especialmente el de traer a luz lo que Jesús ya borró, perdonó y olvidó.

> **Otras veces es una acusación falsa que convierte en calumnia, es la brasa del infierno en la boca del acusador, es la ira en palabras de la envidia manifestada.**

Son dardos encendidos contra el justo. Pero la calumnia proviene de la envidia, y tiene que encontrar a alguien para manifestarse. El veneno de la acusación busca a personas con valores destruidos en su interior, para atormentarlo, para que nunca alcance los propósitos divinos en su vida. La Biblia dice que el justo será librado pronto. *El justo es librado de la tribulación; Mas el impío entra en lugar suyo.* Proverbios 11:8

Pero si al justo amonestares para que no peque, y no pecare, de cierto vivirá, porque fue amonestado; y tú habrás librado tu alma. Eclesiastés 3:21

> **Todo ser humano para ejercer autoridad debe estar bajo autoridad.**

Dios se mueve bajo un orden divino y dentro del mismo, hay diferentes grados de autoridad. Aunque Dios no hace acepción de personas, y todos son iguales ante sus ojos; eso no impide que haya orden y rangos de autoridad. La autoridad máxima en todo el universo, tierra y cielo es la del Altísimo, Eterno y Todopoderoso Dios, Jehová de los ejércitos celestiales.

1. **La Soberanía de Dios:** Él es soberano, único y verdadero. Su autoridad esta por encima de todos; los que le creen y no le creen, los que le aman y no le aman.

2. **La Palabra de Dios:** Ella nos trae conocimiento y nos da los parámetros que nuestra vida tiene que tener para caminar según el modelo de ella, dentro de la vida cristiana. La Palabra es la autoridad que nos encamina a tener victoria sobre el mal, el pecado y satanás.

3. **La Autoridad Delegada:** La Biblia nos

habla de este tema, y tiene que ver con personas con responsabilidades para ejercer autoridad sobre otros. Ejemplo: líderes espirituales, pastores, esposos, maestros o jefes de una compañía. El patrón bíblico es que el hombre sea el sacerdote de la casa, pero si ese hombre no es el sacerdote y no guarda el ministerio de su autoridad; él tendrá que dar cuentas delante de la presencia de Dios.

4. **Autoridad Legal de Pacto:** Dios tiene un señorío que El estableció sobre tu vida, si haz hecho pacto con Él. Recién allí tú tendrás la autoridad delegada, por causa del pacto que El estableció sobre ti. Ese es un pacto que no se puede quebrantar. *Guardaos, no os olvidéis del pacto de Jehová vuestro Dios, que él estableció con vosotros, y no os hagáis...de ninguna cosa que Jehová tu Dios te ha prohibido.* Deuteronomio 4:23

Si tú has sido víctima de la acusación o de la calumnia, persevera en la búsqueda incansable para escuchar la voz de Dios. Debes de cerrar todas las puertas al pecado, para que el enemigo, no encuentre ninguna arma para usar en contra tuya. El Apóstol Juan escribe en su primera epístola: *Hijitos míos, os escribo estas cosas para que no pequéis. Y si alguno peca, Abogado tenemos para con el Padre, a Jesucristo el justo.* 1 Juan 2:1 LBLA

Si hoy no estás desarrollando a plenitud la obra en la cual Él te ha llamado hacer, es el momento de llegar delante del Padre cubierto por la sangre del Cordero de Dios y pedirle que te libere de toda acusación que te haya detenido en el avance espiritual. Recibe nuevas fuerzas para que alcances todo aquello para lo cual fuisteis llamado. Hoy solamente tienes que reconocer tu condición delante de Dios para lograr tu libertad porque no habrá acusación alguna que pueda oprimirte o aprisionarte. ¡Recibe el poder de Dios que está listo para libertarte hoy!

Los Argumentos de la Mente

16

El Peligro de Vivir Bajo la Fuerza del Razonamiento

Yo, Pablo, estoy dispuesto a proceder resueltamente contra algunos que nos tienen como si anduviésemos según la carne.
2 Corintios 10:1-2

El Apóstol Pablo tenía gran contrariedad con los creyentes en Corintios, eran griegos y estaban acostumbrados argumentar todas las cosas. Usaban la discusión entre ellos mismos y levantaban siempre muchas disputas acerca de lo expuesto por el apóstol Pablo. En su segunda carta escrita a ellos, el apóstol no se defiende a sí mismo, sino más bien, les envía explicaciones claras; herramientas prácticas para que las usaran en la vida cotidiana, y les fueran útiles para contrarrestar los ataques que ellos frecuentemente confrontaban. ¿Qué era lo que ellos sostenían? Simplemente que todo lo cuestionaban y no se dejaban llevar por la fe sino por el racionamiento, no entendían el poder entender lo espiritual por el Espíritu y no por la mente.

> El racionalizar todo, es nada más ni nada menos que "usar de la razón para

> **conocer y juzgar una cosa."**

Mas bien el Apóstol advierte que se debe derribar no el buen pensamiento, sino el que titubea y pone en cuestionamiento lo divino.

Pablo explica que la mente debe ser llevada a la mente de Cristo y fundirse en una; ya que la mente humana se alinea con los pensamientos de imaginación y si estos no se controlan, pueden crecer y levantar castillos de pensamientos que se convierten en fortalezas. En 2 Corintios 10:3 dice: "...*Pues aunque andamos en la carne, no militamos según la carne.*" Esta aclaración es muy valiosa; una cosa es estar viviendo conforme a los rudimentos de la vida en un cuerpo carnal sintiendo cansancio, hambre, deseos y ansiedades; mientras que otra muy diferente, es persistir en andar siempre bajo los deseos de la carne, como por ejemplo: enojo, irritabilidad, ira, envidia, y aún celos unos contra otros.

> **Pablo expone la diferencia de las dos naturalezas que reinan dentro del hombre: la vieja naturaleza que es la carnal, y la del Espíritu, que es vivir en la libertad en Cristo.**

Los críticos del Apóstol lo consideraban demasiado tímido con una apariencia mediocre y enfermiza, aunque admitían que escribía en una forma fuerte y desafiante. El apóstol Pablo expone que aunque somos seres humanos, tenemos una lucha que no es humana sino espiritual, y ésta empieza dentro de nosotros mismos. La propia naturaleza (vieja) se revela contra la buena que es la nacida del Espíritu de Dios en nosotros. Empezando por nuestro propio razonamiento, siguiendo por nuestra propia pereza, duda, inestabilidad, y apatía. Y es precisamente en ese punto, donde les enseña la diferencia (que los corintios no entendían) entre lo físico (sea agradable o mediocre) y el razonamiento que esta unido a la sabiduría animal que se levanta contra la voluntad de Dios.

...porque esta sabiduría no es la que desciende de lo alto, sino terrenal, animal, diabólica. Santiago 3:15

> **Nosotros no batallamos contra la apariencia pero si contra los argumentos de la mente; la altivez y la lógica que es lo que se opone al Espíritu de Verdad.**

*...**derribando argumentos** y toda altivez que se levanta contra el conocimiento de Dios.* 2 Corintios 10:15

Pablo les quiere dar a entender, lo importante y necesario que es llevar la mente a la mente de Cristo. El hecho de derribar toda creencia que se opone en contra de la Palabra de Dios. Es poder vencer la imaginación personal, que muchas veces está entretejida en pensamientos sin solidez, huecos sin un fundamento consistente. Los argumentos son casas de pensamientos que se convierten en fortalezas dentro de la mente. Estas a veces se tornan mas importantes que la verdad misma de Dios. Todo argumento se levanta para resistir (como fortaleza) la verdadera Palabra de Dios. Estas son sumamente peligrosas, se convierten en el aliado de los que caen en desobediencia convirtiéndose en enemigos de ellos mismos.

La batalla primera está dentro de cada uno y si no la entendemos no vamos a salir victoriosos de otras situaciones mas comprometedoras. Es cierto que andamos en un cuerpo compuesto de carne y sangre, pero no militamos con armas físicas sino que nuestra guerra es espiritual. Esta batalla se hace a través del Espíritu de Dios que nos ayuda en nuestras debilidades. Para no estar oprimidos por el pecado ni esclavos del mismo, sino andando en la libertad con que Cristo nos hizo libres.

> **Entonces se someterán los demonios bajo nuestros pies cuando aprendamos a doblegar nuestra propia voluntad, a los pies de Cristo.**

Mientras que el mundo usa la competencia, la rivalidad y la astucia para usurpar puestos, competir y pisotear no importa a quien sea; la Iglesia se mueve de una manera diferente. Nuestro propio enemigo esta dentro de nosotros. A eso se refiere el Apóstol, cuando añade:

...Porque las armas de nuestra milicia no son carnales, sino poderosas en Dios para la destrucción de fortalezas,...y llevando cautivo todo pensamiento a la obediencia de Cristo, y estando prontos para castigar toda desobediencia, cuando vuestra obediencia sea perfecta. 2 Corintios 10: 4-6

> **Por eso es importante tener bien claro cuales son los argumentos que se levantan en contra del conocimiento de Dios, para derribarlas en el Nombre de Jesús.**

En griego la palabra argumento es /*logismós*/ y la definición es: computación, cálculo, razonamiento, consciencia-arrogancia, pensamiento. "razonamiento que demuestra o justifica algo."

La mente es espiritual y se encuentra dentro del alma, esta guerra mental se levanta contra todo lo que proviene del Espíritu de Dios. Nunca quiere someterse al Espíritu ni quiere obedecer sus mandamientos. Para ser libre y ser victorioso del mismo, lo primero que se debe hacer, (antes de hacer guerra contra los espíritus demoníacos), es someter la mente a la mente de Cristo. Luego con la autoridad delegada en Cristo atar y echar fuera, testarudez, orgullo, y razonamiento humano. Las fortalezas están dentro de la mente de cada uno; hay que batallar contra los malos pensamientos, las fortalezas de rechazo, complejos, mentiras, incredulidad, y pensamientos e ideas que se oponen a la verdad divina.

> **Todo lo que no esta de acuerdo a la Palabra de Dios es mentiroso, Dios no miente. Dios es veraz, Dios es luz y no hay tinieblas en Él.**

El hombre es el que debe unir su mente a la de Cristo. Es el hombre que debe cambiar y no Él. Tenemos que destruir y derribar aquello que se levanta contra el verdadero conocimiento del Señor.

¿Cómo Percibimos Lo Que Se Opone a Dios?

Pueden ser ideas o conceptos que han estado mucho tiempo entretejiéndose en los sentimientos y que se sostienen como algo que se cree que es válido, (aunque no lo sea). Son ideas concebidas en la mente, que las personas no saben que tienen (en el dolor de los actos pasados), pero que salen a flote en un mal momento, quizás cuando se debe tomar una decisión correcta; esos traumas traen en el presente una influencia negativa. Son inventos entrecruzados dentro del sistema nervioso, en la memoria, en los huecos de las heridas de las emociones, donde nadie puede imaginar que están, pero sí se quedaron ahí, y están escondidos. Forman como telas de arañas, enemigos ocultos y difíciles de ver. Actúan como parte del carácter y de la personalidad de uno mismo, por eso son difíciles de detectar porque se esconden detrás de los espíritus familiares.

> **Lo primero que hay que derribar son nuestros propios argumentos que cohabitan dentro de uno mismo, y que han crecido desde la niñez juntamente con nosotros, por eso son parte del carácter del yo.**

Esos argumentos se establecen como torres dentro de cada persona, mas no se emparejan con los pensamientos de Dios, si no más bien se oponen y le hacen resistencia. Todo argumento que se levanta es contrario a la Palabra de Dios; por eso cada uno es responsable de derribarlo.

Los Argumentos de la Falta de Perdón

Dios no tolera aquellos que no desean perdonar. La falta de perdón, es una de las causas que más activa las ataduras en el alma. El no perdonar a sus deudores provocará que algún tipo de maldición se active en la vida. Es importante entender lo vital del perdón; Dios desea guardar tu mente y corazón, para que no se escondan las tinieblas. Si la persona no está dispuesta a perdonar; los verdugos tienen el derecho legal de encerrarlo en una cárcel. *Más si no perdonan a los hombres sus ofensas, tampoco vuestro Padre os perdonará vuestras ofensas.* Mateo 6:15. Lo preocupante de la falta de perdón es que su fundamento esta arraigado en la ofensa que produce amargura. *Mirad bien, no sea que alguno deje de alcanzar la gracia de Dios; que brotando alguna raíz de amargura, os estorbe, y por ella muchos sean contaminados.* Hebreos 12:15

> **El rencor es una situación sin arreglar, que puede convertirse en odio. El odio es dañino para uno mismo y para el cuerpo de Cristo.**

Pero yo os digo: Amad a vuestros enemigos, bendecid a los que os maldicen, haced bien a los que os aborrecen, y orad por los que os ultrajan y os persiguen. Mateo. 5:44.

> **Te exhorto a que cuides lo que piensas y no encubras tus propios errores sino más bien analízate delante de la Palabra y se sincero contigo mismo.**

No puedes pelear contra Dios, Ponte de acuerdo

Los Argumentos de la Mente

con tu adversario, y reconócelo en todos tus caminos, deja el razonamiento muchas veces testarudo que te atormenta y acepta la voluntad de Dios en tu vida.

¿Qué es una Cautividad y Cómo Salir de Ella?

17

El Peligro de Vivir Bajo Cautividad

> Yo edificaré tu ciudad, y haré libre a tus cautivos.

Yo lo desperté en justicia, y enderezaré todos sus caminos; él edificará mi ciudad, y soltará mis cautivos, no por precio ni por dones, dice Jehová de los ejércitos. Isaías 45:13

Pues nos levantó de los muertos junto con Cristo y nos sentó con él en los lugares celestiales, porque estamos unidos a Cristo Jesús. Efesios 2:6

Cuando alguien recibe la salvación por medio de Cristo y no logra alcanzar una victoria total en todas sus áreas emocionales, es porque el alma necesita ser liberada.

El hombre es tripartito: alma, cuerpo y espíritu. Se entiende el alma como el lugar donde se mueven las emociones, la voluntad del yo, los sentimientos, los recuerdos con la percepción del presente y del pasado a través de la mente. También los cinco sentidos, juntamente con el consciente e inconsciente.

Si una parte del alma, ha pasado por un momento traumático, especialmente en la etapa inconsciente, que es el tiempo que oscila entre la formación del feto en el vientre hasta la infancia; (lugar donde el yo empieza a despertar hacia la conciencia del yo). Si se ha producido un trauma durante ese período de tiempo, en la edad preadolescente, ese trauma aún estará ahí escondido como una herida sin curar. Podríamos llamarlo como: la voluntad partida, alma quebrantada, impresión emocional o prisión espiritual.

El interés específico de satanás es matar, robar y destruir, y lo hará para conseguir más éxito en fechas claves del desarrollo de la persona. En el vientre, entre los cinco años, y después de los doce. Si logra violar la inocencia de la criatura, logrará hacer un trauma o herida emocional, donde tendrá acceso a controlar a través de una cautividad.

De esa forma, hará un trauma emocional, en el niño, que quedará marcado en el inconsciente. Una persona herida puede hablar de: "...me hicieron el alma en pedazos" " me siento como en un pozo sin salida" y suele ser verdad, su alma es la afectada no su físico ni su cuerpo. Si un alma está herida, o con trauma, no puede funcionar completamente, le falta algo para ser un total complemento. La tristeza se reflejará en sus ojos y el fracaso estará siguiéndole sus pasos.

¿Qué Implica Estar Sentados en Lugares Celestiales con Cristo?

La palabra de Dios nos dice que el creyente que

vive en plena victoria que ha muerto y resucitado con Cristo, esta sentado en lugares celestiales.

Significa que el alma está en el reposo y en la paz del Señor. Libre para disfrutar la plenitud de lo que Cristo alcanzó en la cruz a tu favor. Pero se debe de reconocer que hay cristianos que todavía no están sentados en lugares celestiales disfrutando de las bendiciones plenas de Dios.

Las malas actitudes, las flaquezas constantes o ataduras a cierto pecado, denotan que su alma no ha sido restaurada en su totalidad. Como hemos explicado por cuestiones de la mala vida en el pasado, o por pecados reincidentes, el alma queda cautiva en cárcel de oscuridad. Eso impide que sean completamente libres. Muchos son los llamados cristianos que viven "en la tierra de cautividad." (2 Crónicas 6:36-38)

¿Por Qué Tiene Derecho el Enemigo de Guardar Una Área del Alma en Este Lugar?

Para atormentar el alma, y tener dominio sobre esa vida; el enemigo tratará de atar para esclavizar la vida al miedo, o al temor de lo que sucederá en el futuro. Toda persona que vive bajo la opresión del temor, es porque tiene una parte de su alma que está en oscuridad y esta influenciada por un espíritu demoníaco. No necesariamente estará poseído pero si influenciado en una área de su alma por una obra de maldad. Jesús dijo que el venía a libertar a los cautivos, y a vendar a los oprimidos por Satanás. A romper ligaduras de impiedad. *¿No es más bien el ayuno que yo escogí, desatar las ligaduras de impiedad, soltar las cargas de opresión, y dejar ir libres a los quebrantados, y que rompáis todo yugo?* Isaías 58:6

> **Aquí la palabra profética nos habla: de desatar, soltar, dejar libre, y romper yugos.**

Donde existen temores, miedos, angustias, hay un cautiverio y una opresión demoníaca que está atando al alma. Hay personas que se acuestan intranquilas y al otro día se levantan molestas y enojadas por todo. Algunos por ejemplo, no saben cuál es el motivo de su tristeza y la razón de su dolor, y es porque el enemigo ha tomado parte de esa alma, la está oprimiendo y debilitando en su vida espiritual. La revelación del Espíritu Santo en esta hora viene para que tú te des cuenta de quién es el que está reinando en toda tu alma. Si es el enemigo que la mantiene en oscuridad y en tinieblas, o es la luz extraordinaria de la presencia del Espíritu Santo.

Existen Ciertas Zonas de Cautividad Según la Biblia:

1. El Seol:

¿Qué es una Cautividad y Cómo Salir de Ella?

Es una zona de cautividad de la tierra que quiere decir: "sepultura." Hay un texto clave que nos menciona este lugar: *"Como a rebaños que son conducidos al Seol, La muerte los pastoreará..."* Salmos 49:14

Seol tiene que ver con sepultura y cautividad, y cuando la gente está ahí lo que sale de su boca siempre serán palabras de oscuridad y muerte. Una persona cautiva en el Seol espiritual, dice: "no se me va a dar nada; nada me va a salir bien, no lo voy a lograr; no voy a poder hacer esto o aquello; otros lo lograran y yo jamás lo haré". Cuando una persona habla así, es porque está su alma cautiva y está siendo oprimida por el enemigo. Necesita ser sacada en liberación y solo Jesucristo libera el alma de la cautividad.

Hay una promesa y es lo que el salmista dice en el Salmo 30: *"hiciste subir mi alma del Seol."* En otras palabras sería: *"sacaste mi alma del cautiverio de la muerte."* David era un rey escogido por Dios, pero sin embargo muchas veces se sintió en depresión dentro de un pozo profundo. Hay opresiones y ataques con diseños satánicos que vienen para oprimir y lacerar tu alma. Dios hizo planes maravillosos con diseños de paz, gozo, y libertad, no importa cuantos planes malvados Satanás diseñó para ti. Tienes que ponerte de acuerdo con el libertador.

El único que encerró la cautividad, y

> **tiene dominio sobre ella es Cristo; eso lo logro cuando salió victorioso de la muerte. Él encerró a la propia cárcel, para hacerte libre. Así estableció en tu vida, el superior diseño hecho para ti.**

Hay una verdad bíblica innegable, Jesús murió en la cruz,... *"pero Él bajó a las partes más bajas de la tierra llevando a una cárcel toda cautividad."* El descendió a las profundidades del abismo, y le arrebató a Satanás las llaves del hades y de la muerte. Cuando el Señor resucita y sube a los cielos, victorioso le estaba diciendo a los guardianes de las prisiones: "ya no tienen derecho legal más para encerrar a los prisioneros que yo liberte". *Si el hijo de Dios os libertare seréis verdaderamente libres."* Juan 8:36

2. Lugar tenebroso (Hoyo Profundo):

Me has puesto en el hoyo profundo, en tinieblas, en lugares profundos. Salmo 88:6

¿Qué significa que una persona este en un lugar profundo de tinieblas o en un hoyo profundo? Alguna vez has pasado por situaciones que haz dicho: *"por más que intente, no puedo salir de este problema?"* Mucha gente ha pensado que los problemas son tan graves que no pueden salir de ellos.

Una persona que está en un hoyo profundo no puede salir de ese lugar por sí misma.

Tenemos varios ejemplos en la Biblia de personas que fueron lanzadas en hoyos profundos, en cisternas, en huecos, o en pozos. Recordemos cuando José fue tirado en una cisterna por sus hermanos. El no pudo salir solo, ellos fueron y lo sacaron para venderle. Jeremías también fue encerrado en una cisterna. Daniel en un foso, y tuvo que ser sacado con cuerdas. Ellos no pudieron salir solos de ahí a menos que alguien los sacara.

Cuando una persona dice: "no puedo salir de este problema, estoy totalmente atrapado, estoy inmovilizado", esto es una señal de que está en un hoyo profundo. Jesús llamo a Lázaro de lo profundo de la sepultura y le dijo: "¡Sal fuera!" Así hoy en día el Señor sigue dando órdenes de liberación a todos aquellos que claman a Él.

¿Cómo Puede Alguien Ser Atrapado en un Hoyo Profundo?

Por persistir en el pecado, por la iniquidad sin ser redimida. La cautividad es esclavitud, es caer bajo el yugo del acreedor. El único que puede sacar a alguien de la cisterna de oscuridad, es la poderosa mano de Jesucristo.

> **El único que puede romper toda maldición de adicción a los vicio, es el poder de Jesucristo.**

Tenemos mucha gente en las congregaciones gritando ¡necesito que alguien me ayude a salir de este lugar! son muchos los que viven encerrados en hoyos profundos de cautividad. Aunque oran, vuelven a lo mismo que han renunciado, esto es porque tienen una parte de su alma en el hoyo profundo.

Veamos un ejemplo de cómo la gente se ha acostumbrado a vivir en un hoyo, por eso le es difícil clamar por su liberación. Las mujeres que tienen un esposo supremamente violento, optan por separarse y luego divorciase pensando que esa es la decisión mas correcta, que al fin serán libres de opresión. Sin embargo se vuelven a casar con otra persona más abusadora que la pareja anterior. Vemos entonces que la solución de ese problema no era el divorcio, ni cambiar de esposo, sino que es salir del pozo del rechazo, de la desesperación, y ser libre de la ligadura del alma.

3. La Cárcel

Saca mi alma de la cárcel, para que alabe tu nombre; Me rodearán los justos, Porque tú me serás propicio. Salmo 142:7

¿Qué es una Cautividad y Cómo Salir de Ella?

La cárcel es similar a un pozo, o a un vientre, calabozo o mazmorra. Esta última es mas profunda. Ahora se puede entender cuando una persona cae en depresión. La depresión es caer en tristeza aguda y si la persona no puede superarlo podrá seguir cayendo mas profundo. Son aquellos que nunca pueden alabar a Dios, ni adorarlo con libertad y mucho menos sentir su presencia. Hay gente que se queda asombrada cuando ve a otra persona derramando lagrimas delante de Dios. El que llora, es el que ha sido libre y sabe que su Dios es real; que no necesita que nadie lo anime porque sabe quien ha liberado su alma, esa persona es espontánea en el Espíritu.

En la cárcel no hay revelación de libertad, de presencia de Dios, y mucho menos de gozo.

Hemos visto entonces que tanto el Seol, hoyo o cárcel hacen la misma función de cautividad. Toda esclavitud es producida por una deuda. Por ti mismo es imposible pagar esa deuda porque el hombre no tiene recursos propios.

¿Qué es Caer Esclavo del Diablo?

¿Usará de cárcel, tormento y grillos, igual que en el mundo real? Sabemos que la cárcel es en un término espiritual, pero así como en lo espiritual primero es, también en lo natural. Si, hay cárceles espirituales donde el alma cae y espíritus atormentadores se encargan de afligir el alma.

> **Lo primero que hace el enemigo cuando alguien persiste en pecar, es encerrar el alma en una cárcel espiritual y atormentarlo.**

En Isaías está escrito que Satanás nunca abre la puerta de la cárcel de sus prisioneros. Leámoslo:

¿...que puso el mundo como un desierto, que asoló sus ciudades, que a sus presos nunca abrió la cárcel? Isaías 14:17

Como es en lo espiritual es en lo físico. Pablo el apóstol trata el tema de la esclavitud espiritual con mucha sabiduría cuando escribe en la carta a los Romanos 6:16 diciendo: *¿No sabéis que si os sometéis a alguien como esclavos para obedecerle, sois esclavos de aquel a quien obedecéis, sea del pecado para muerte, o sea de la obediencia para justicia?* ¿Qué tal aquellos que predican el evangelio y son adúlteros, estafadores, amadores de los placeres y del dinero mas que a Dios? *Les prometen libertad, y son ellos mismos esclavos de corrupción. Porque el que es vencido por alguno es hecho esclavo del que lo venció.* 2 Pedro 2:19

No os engañéis; Dios no puede ser burlado: pues todo lo que

¿Qué es una Cautividad y Cómo Salir de Ella?

el hombre sembrare, eso también segará. Gálatas 6:7

El clamor es lo único que puede sacar al alma de la cárcel donde fue encerrada. Solo Dios puede abrir la puerta de la cárcel. Dios proveyó para el hombre la solución a su problema. ¿Cómo el alma puede ser libre?! El clamor la hace libre!

- Saca mi alma de la cárcel, para que alabe tu nombre; Me rodearán los justos, Porque tú me serás propicio. Salmo 142:7

- Busqué a Jehová, y él me oyó, Y me libró de todos mis temores. Salmo 34:4

- Entonces clamaron a Jehová en su angustia, Y los libró de sus aflicciones. Salmo 107:6

Dios Todopoderoso escogió a un libertador y Él está dispuesto a oír el clamor para sacarlo de la cárcel profunda.

Miren a mi siervo, al que yo fortalezco; él es mi elegido, quien me complace. He puesto mi Espíritu sobre él; él hará justicia a las naciones...Les hará justicia a todos los agraviados. 4 No vacilará ni se desalentará hasta que prevalezca la justicia en toda la tierra... Y serás una luz para guiar a las naciones 7 Abrirás los ojos de los ciegos; pondrás a los cautivos en libertad, soltando a los que están en calabozos oscuros. Isaías 42:1, 4, 7

Hoy se Anuncia que Hay Cambios

Muchas personas están enfocadas solamente en su círculo personal, sus problemas y sus aspiraciones. Otros están absortos en sus deudas y pérdidas económicas. Hay un llamado de parte de Dios para este tiempo, que te dice: ... *Volveos a la fortaleza, oh prisioneros de esperanza; hoy también os anuncio que os restauraré el doble.* Zacarías 9:12. Hoy se levanta una bandera de esperanza, el Señor amoroso ha anunciado que hay cambios para los prisioneros, para los que estaban en calabozos y prisiones de desesperación y desesperanza.

> **Hay una restauración que viene para todo el oprimido, esa restauración sale de la cruz del calvario. De ella sale esperanza de salvación y liberación para todo cautivo.**

Queremos animarte a que aprendas a tomar la victoria de la cruz y aplicarla en cada situación de tu vida. Tienes que aprender lo que dice Gálatas 3:13 para poder desenfocarte del fracaso y verte en la prosperidad de Dios. Solo el conocer el poder de la muerte y resurrección de Jesucristo te puede levantar para vivir una vida llena de bendición.

> **¡Este es un tiempo de liberación! Rompe con el hábito de quejarte y murmurar; rompe las barreas de la imposibilidad y el fracaso ¡Sé libre en el Nombre de Jesús!**

Yo declaro que sobre que ti viene una gloria sobrenatural, tu destino no es el hoyo, tu destino no es la cárcel, tu destino es estar sentado en lugares celestiales con Cristo. Decreto que hay una unción de liberación poderosa en este tiempo, eres libre de toda mente dividida, hay liberación de toda zona de tu alma en la cual ha sido cautiva. Tu destino es estar sentado en lugares celestiales, tu destino es ser vencedor juntamente con Cristo.

Las Bendiciones del Arroyo del Neguev

18

Cuando lo Seco Reverdece

Y subió contra él Nabucodonosor rey de Babilonia y lo llevó a Babilonia atado con cadenas. 7 También llevó Nabucodonosor a Babilonia de los utensilios de la casa de Jehová, y los puso en su templo en Babilonia. 2 Crónicas 3:6-7

En la caída de Jerusalén (cabeza del reino de Judá), frente a las tropas de los antiguos asirios; hay tres estrategias que el rey Nabucodonosor usó para hacerla caer. Esta tácticas eran usadas por los conquistadores de la antigüedad. Cuando un imperio quería tomar dominio sobre cierta ciudad, 1) la rodeaba, (para dejarla incomunicada). 2) Se iba debilitando poco a poco, dejándola sin posibilidad de agua, sin comida y sin comunicación con el exterior, sitiada completamente (la ciudad de Jerusalén estuvo casi, tres años) por último si no se llevaba a un acuerdo de rendición total, 3) la ciudad era conquistada. Quemaban las puertas de la entrada (símbolo de protección) y derribaban el muro de protección.

Muchas veces así actúa satanás cuando quiere hacer caer una persona; la rodea como león rugiente observando sus debilidades, hasta hacerla caer.

Una vez conquistada la ciudad subyugaban a los ciudadanos cobrándole altas sumas de dinero en impuestos. Ya no eran libres, ahora estarían bajo el yugo del opresor. Así hizo Nabucodonosor rey de Babilonia contra el rey de Judá y la ciudad de Jerusalén.

> **Nadie es esclavo si primero no es tomado prisionero.**

Una vez que las fuerzas del ejército de Babilonia, tomaran al rey prisionero, ejerció dominio sobre toda la ciudad. Los cautivos los vendió como esclavos. Los príncipes jóvenes y sabios de la corte real, fueron llevados a los palacios reales caldeos para enseñarles las letras y las ciencias de Babilonia. Muchos de ellos por el resto de sus días serían eunucos de la corte real. Los que quedaron en la ciudad fueron los enfermos, ancianos y pobres. Israel duró cautiva 70 años en la gran ciudad de Babilonia, ella se había convertido en la gran cabeza de oro de la gran estatua de los futuros reinos del mundo.

Junto a los ríos de Babilonia, Allí nos sentábamos, y aun llorábamos, Acordándonos de Sion. Sobre los sauces en medio de ella Colgamos nuestras arpas. Y los que nos habían llevado cautivos nos pedían que cantásemos, Y los que nos habían desolado nos pedían alegría, diciendo: Cantadnos

Las Bendiciones del Arroyo del Neguev

algunos de los cánticos de Sion. ¿Cómo cantaremos cántico de Jehová En tierra de extraños? Salmo 137:1-4

Los efectos de la cautividad del pueblo de Israel, habían sido tan nocivo y drástico en ellos, que habían perdido el gozo y la ilusión de la vida. La profecía en los salmos los definía, como aquellos que colgaron sus arpas en los árboles dejando atrás la alegría de la música y la danza. Es importante buscar los detalles del porqué Dios de Israel permitió sobre su pueblo la maldición de la cautividad. Ya que no se está redactando la historia de los pueblos paganos, sino las cautividades del pueblo de Dios.

Analicemos cuidadosamente las causas más destacadas, que hizo que Israel cayera cautivo. Estas, nos abrirán los ojos para entender como el alma de un cristiano también puede caer prisionera.

1. Ignoraron la voz de Dios por completo.

E hizo lo malo ante los ojos de Jehová su Dios, y no se humilló delante del profeta Jeremías, que le hablaba de parte de Jehová. 2 Crónicas 36: 12

El rey de Israel aconsejado por un perverso militar desecho la voz profética de Jeremías haciendo caso omiso a la advertencia de Dios. Hoy en día muchos cristianos proceden así, ellos creen que desinteresándose por las cosas de Dios lo pasarán mejor, ese es un gran error, un argumento barato del enemigo. Cuanto mas ignorante es la persona acerca de Dios, más fácil es caer en la trampa de los demonios.

2. Contaminaron la casa de Dios.

También todos los principales sacerdotes, y el pueblo, aumentaron la iniquidad, siguiendo todas las abominaciones de las naciones, y contaminando la casa de Jehová, la cual él había santificado en Jerusalén. 2 Crónicas 3:14

La casa de Dios, no es un lugar de entretenimiento y pasatiempo, la casa de Dios es para levantar oraciones y clamor; una casa para buscar su rostro, para entrar en un genuino arrepentimiento. Es lugar de reconciliación y para aprender más de la Palabra de Dios. Muchos cristianos, aceptan más la ideología del sistema mundano que la doctrina de la santidad de Dios.

Algunos cree que ser "santo" es andar como religioso o ser un súper-espiritual, ellos creen hoy en día que orar y buscar de Dios es aburrido. Para muchos de ellos no hay diferencia entre aceptar a Cristo y seguir viviendo como antes lo hacían en el mundo.

> **No contaminemos el cuerpo y el alma que es el templo del Espíritu de Dios.**

3. Se burlaban ofensivamente contra los verdaderos hombres de Dios.

El Rey Joaquim con sus súbitos no reconocían que Dios hablaba por boca del profeta. Esa burla eran cuchillos que herían y humillaban al vocero de Dios, sin darse cuenta que resistían al mismo Dios de Israel que hablaba a través de Jeremías.

Mas ellos hacían escarnio de los mensajeros de Dios, y menospreciaban sus palabras, burlándose de sus profetas, hasta que subió la ira de Jehová contra su pueblo, y no hubo ya remedio. 2 Crónicas 3:16

Hoy en día, hay una tendencia de burlarse de los verdaderos hombres de Dios, especialmente los que en el pasado dieron sus vidas predicando el Evangelio. Muchos no le dan valor a sus testimonios y aún el gran precio que pagaron siendo fieles a Dios en su tiempo.

> **El espíritu de burla es un acto desagradable de Dios en el cual Él pedirá cuenta.**

A Israel le Llegó el Tiempo

Cuando Jehová hiciere volver la cautividad de Sion, seremos como los que sueñan. 2 Entonces nuestra boca se llenará de risa y nuestra lengua de alabanza; Entonces dirán entre las naciones: Grandes cosas ha hecho Jehová con éstos. 3 Grandes cosas ha hecho Jehová con nosotros; Estaremos alegres. 4 Haz volver nuestra cautividad, oh Jehová, Como los arroyos del Neguev. Salmo 126:1-4

Dios determinó declarar a través de la boca del profeta Jeremías que serían setenta los años en que Israel sería llevado cautivo a Babilonia, cuando le dijo: *Toda esta tierra será puesta en ruinas y en espanto; y servirán estas naciones al rey de Babilonia setenta años.* Jeremías 25:11. Isaías también profetizó su regreso a la tierra y se cumplió...*y volverán los redimidos del Señor y vendrán a Sión cantando y gozo perpetuo sobre su cabeza tendrán.*

> **Dios es el Dios de la libertad, del perdón y de la restauración.**

En Dios siempre hay un tiempo señalado donde se ejecuta y se cumplen los planes que provienen de El. Dios ama el clamor y la humillación y no deja a nadie afuera de su plan divino que desea la liberación. El poder glorioso del evangelio de Jesucristo, es tan poderoso que puede hacer libre al prisionero de la esclavitud, para devolverle la com- completa libertad.

> **El plan de Dios siempre fue bendición para el individuo y no maldición.**

La cautividad produce oprobio, tristeza, dolor y resentimiento, se pierde la alegría y la expectativa de vida. Sin embargo en el Salmo 126 vemos una luz de esperanza, para los que han sido cautivos. *Cuando Jehová hiciere volver la cautividad de Sion, Seremos como los que sueñan, Entonces nuestra boca se llenará de risa, Y nuestra lengua de alabanza; Entonces dirán entre las naciones: Grandes cosas ha hecho Jehová con éstos. Haz volver nuestra cautividad, oh Jehová, Como los arroyos del Neguev.* El salmista entiende profundamente esta experiencia. Por eso escribe acerca de la fe del Dios de Israel, exaltando a Jehová que ha hecho grandes maravillas con su pueblo. *Cantad a Jehová cántico nuevo, Porque ha hecho maravillas; Su diestra lo ha salvado, y su santo brazo.* Salmo 98:1

Buscando las Bendiciones del Arroyo del Neguev

Haz volver nuestra cautividad, oh Jehová, Como los arroyos del Neguev. Salmo 126:4

Cuando analizamos el Neguev, descubrimos una tierra árida y desértica, sin embargo se forman riachuelos hermosos, que se convierten en arroyos torrentosos. Estos se inician a consecuencia de las lluvias que provienen de las regiones de las montañas del norte y empiezan a correr por los lugares áridos del Neguev hasta llegar al mar muerto. Tenemos entonces tres paisajes diferentes, el desierto, el cauce del arroyo y el mar muerto. Las aguas del Neguev corren por debajo del desierto en la profundidad de la tierra, llega un momento en que las aguas se convierten en arroyos subterráneos, dando como resultado un gran verdor en medio del desierto. ¡Con razón Dios nos dice que cuando la cautividad sea rota, se verá como los arroyos del Neguev!

Leamos en el diccionario Bíblico que nos dice de la situación actual:

> Como lo indican las investigaciones: Muestras arqueológicas recientes os dicen que, durante el período Romano 835 las técnicas de conservación del agua llegaron a ser tan refinadas que ciertas secciones del Neguev mostraron tanta fertilidad como otras partes de Palestina. Siglos de abandono, sin embargo, han convertido otra vez el Neguev en un desierto con pocos oasis, como el de Cades-barnea, una región en la que sólo podían vivir los beduinos. Durante los últimos años

se han hecho esfuerzos intensos para volver a cultivar la región, y hacerla productiva como para sostener una población sedentaria.

Neguev representa el alma transportada y cautiva. Por eso el desierto volvió al corazón de esta tierra. La región del Neguev espiritualmente hablando, representa el alma árida de cada creyente que vive sin una manifestación viva y real del Espíritu de Dios. Neguev sin las lluvias de otras regiones y sus arroyos sigue siendo tierra árida como cualquier desierto.

Las ciudades del Neguev fueron cerradas, y no hubo quien las abriese; toda Judá fue transportada, llevada en cautiverio fue toda ella. Jeremías 13:19

El Neguev también representa a Israel, que por siglos ha quedado seco sin vida del Espíritu de Dios el cual solo es proveedor el Mesías, el Cristo de la Gloria, rechazado por ellos.

Y los cautivos de este ejército de los hijos de Israel poseerán lo de los cananeos hasta Sarepta; y los cautivos de Jerusalén que están en Sefarad poseerán las ciudades del Neguev. Abdías 1:20

Creo firmemente que hay esperanza para los que un día fueron desterrados. El profeta Jeremías declara que los esparcido que están en "Sefarad" (una ciudad no conocida), regresarían al Neguev. Recordemos que los judíos españoles perseguidos por los reyes católicos, huyeron para el norte de Europa, ellos son llamados sefarditas. La palabra "sefarad" en este texto significa: separados.

En las alturas abriré ríos, y fuentes en medio de los valles; abriré en el desierto estanques de aguas, y manantiales de aguas en la tierra seca. Isaías 41:18

Aún hay esperanza para los dispersados y un día volverán, y el desierto se convertirá otra vez en gozo, en ríos que darán vida a la tierra seca.

> **Hay un río interior que se mueve por el Espíritu de Dios y el resultado es vida eterna.**

Jesús habló acerca de eso en su ministerio, cuando El dijo:: *"el que cree en mí, como dicen las escrituras, de su interior, correrán ríos de agua viva."* Estas aguas no se estancarán, como las aguas del mar muerto. Su Espíritu es vida y llena desde adentro hasta afuera. Cuando en el alma corren estos ríos divinos el corazón reboza y el rostro brilla de alegría

> **El río de agua viva, hará volverse de la**

cautividad como los arroyos del Neguev.

Hay tres funciones específicas del arroyo del Neguev, y es una tipología de lo que puedes estar viviendo tú hoy: **Imparten vida porque han sido libres.** Son personas que practican lo que escuchan, y tienen un cambio en la manera de hablar.

1. Se alimenta de las aguas de la lluvia, y corre en libertad: Por esa razón nunca se estancan, ellos no producen agua propia, ellos se prestan para ser el cauce para que las aguas de la lluvia corran. Ellos se dejan usar por el Espíritu de Dios.

2. Descontaminan los terrenos: Las aguas estancadas se contaminan, mas los arroyos y riachuelos corren limpios. El correr de las aguas cristalinas puede ser portentosa y suave; estruendosa y apacible. Lo más precioso es que sus aguas traen vida y fluyen trayendo sanidad y calma al alma angustiada. También es como un río portentoso que trae milagros y señales.

Cuando somos libres nos convertimos en instrumentos de bendición.

Nos convertimos en el curso donde el agua fluye continuamente. Las aguas no son nuestras, la lluvia provienen del cielo.

> **Para ser de bendición debo siempre recibir la lluvia que proviene de arriba.**

3. Nunca retiene sus aguas: Siempre están dando de sus aguas y siempre fluyen frescas, son aguas de renovación. El creyente no solamente está lleno del Espíritu Santo, está continuamente aumentando y en crecimiento. A medida que comparte con otros lo que da, el río de Dios sigue fluyendo y a la vez recibe mas y mas sin parar.

Si no dejas de compartir con otros lo mucho que recibes de Dios, tus aguas nunca se detendrán Dios quiere hacer de ti un arroyo que sus aguas nunca se detengan. ¡Ministra a otros con el amor de Dios!

El Precio de la Sangre Te Hace Libre

19

El Efecto de Romper las Maldiciones

En este libro no hemos querido dar demasiado énfasis a las maldiciones, aunque es necesario conocer las causas del porqué son atrapadas las almas. Sino más bien, queremos que sepas sin duda acerca del poder que rompe las maldiciones.

> **Cristo nos rescató de la maldición de la ley, al hacerse maldición por nosotros.**

Este es el secreto que pone a temblar al infierno. El mundo no conoce el poder de la sangre derramada en la cruz, pero los demonios y el infierno sí, porque ellos creen y tiemblan. A veces son más inteligentes que el ser humano. Quizás crees que es demasiado sencillo para ser tan poderoso. ¿Eso es todo? - preguntarás,- ¿será Cristo y el poder de su sacrificio, superior al poder de cualquier maldición? -Sí.

> **Respeta y confía solo en la obra consumada en la cruz.**

¿Fuiste realmente comprado de la esclavitud del pecado? La desobediencia fue la causa de que cayeras en dicha maldición. Estás realmente convencido de ¿quién es el único que te pudo comprar? Las opresiones que te han abrumado han sido reales, mas sin embargo, mayor es la gloriosa redención, que Cristo te ofrece.

La palabra redención en griego se deriva en tres palabras, /*agorazo*/, la cual significa comprar en el mercado al esclavo, /*exagorazo*/ tiene que ver con sacar al esclavo del mercado y /*lutroa*/ tiene que ver con quitarle las cadenas al esclavo, todo esto con lleva a gozar de plena libertad.

El derramamiento de la sangre de Jesucristo sobre la cruz, fue el factor que hizo posible que nosotros recibiéramos el perdón de nuestros pecados y la aceptación en la presencia de Dios.

...sin derramamiento de sangre no se hace remisión. Hebreos 9:22

Cristo Te Compró con Precio de Sangre

La sangre de Jesucristo nos limpia de la culpa y nos redime.

¿Cuánto más la sangre de Cristo, el cual mediante el Espíritu eterno se ofreció a sí mismo sin mancha a Dios, limpiará vuestras conciencias de obras muertas para que sirváis al

Dios vivo? Hebreos 9:14

La sangre que Él mismo derramó nos acerca a Dios, así lo expresa el Apóstol Pablo en su carta a los Colosenses.

Y por medio de él reconciliar consigo todas las cosas, así las que están en la tierra como las que están en los cielos, haciendo la paz mediante la sangre de su cruz. Y a vosotros también, que erais en otro tiempo extraños y enemigos en vuestra mente, haciendo malas obras, ahora os ha reconciliado. Colosenses 1:20-22

> **La sangre nos da la confianza y el acceso para entrar a la presencia de Dios.**

Así que, hermanos, teniendo libertad para entrar en el Lugar Santísimo por la sangre de Jesucristo, por el camino nuevo y vivo que él nos abrió a través del velo, esto es, de su carne, y teniendo un gran sacerdote sobre la casa de Dios, acerquémonos con corazón sincero, en plena certidumbre de fe, purificados los corazones de mala conciencia, y lavados los cuerpos con agua pura. Hebreos 10:19-22

> **La sangre es para el diablo su total derrota sobre el efecto de la acusación.**

La actividad más estratégica del diablo en esta época es, "*ser el acusador de los hermanos*" (Apocalipsis

12:10) y es como tal, que el Señor lo confronta con su ministerio como Sumo Sacerdote, a través de su propia sangre (Hebreos 9:11-14). El diablo no tiene fundamento para sus acusaciones contra los que han recibido en sus vidas la obra redentora de Cristo.

> **La sangre disuelve y anula por completo todos los derechos legales de propiedad de Satanás sobre los redimidos.**

En quien tenemos redención por su sangre, el perdón de pecados. Colosenses 1:14

Hay suficiente eficacia en la Sangre expiatoria del glorioso Sumo Sacerdote Jesucristo, para lavar todas las transgresiones y pecados, de aquellos que se arrepienten de todo su corazón.

> **La Sangre que Jesús derramó, es el sello que certifica y da legalidad al Nuevo Pacto.**

Y el Dios de paz que resucito de los muertos a nuestro Señor Jesucristo, el gran pastor de las ovejas, por la sangre del pacto eterno. Hebreos 13:20

Ciertamente la sangre ordenada para sellar el

pacto no era la sangre de sacrificios de animales sino la sangre del mismo Hijo de Dios Eterno. Esto ha hecho que el pacto sea tan firme y obligatorio, lo cual es mas fácil que pasen los cielos y la tierra a que falle una tilde de lo que Él ha escrito.

> **Él pagó totalmente la deuda del pecado que debíamos a Dios, y ya no necesitamos más sacrificio por el pecado.**

Jesús dijo: *"Consumado es."* Mientras Él moría, y con eso quiso decir que la obra completa de redención fue acabada para siempre, habiendo obtenido redención eterna para nosotros (Hebreos 9:12). Esa sangre no solo confirmó el pacto, sino que realmente lo cumplió, porque la estipulación del compromiso era de esta manera, "Cristo debía sufrir por nuestros pecados y honrar la ley divina".

> **Él cargó con todos los pecados y se comprometió a sufrir por todos aquellos que a partir de ese momento creyeran en Él.**

Es así de poderoso, como lo estás leyendo. Él nos representó en la cruz, y juntamente con Él fuimos justificados. Un esclavo solo no puede liberarse. El ser humano por su propia cuenta y fuerza no lo puede lograr. Es el pecado en el propio hombre que lo convierte en esclavo del mismo sin poder salir o ser libre del mismo por obras humanas y aunque el ser humano tuviera la fuerzas y derecho para redimirse, no lo podría hacer nunca porque no posee la justicia propia que le permita cancelar la deuda pendiente.

> *La paga que deja el pecado es la muerte, pero el regalo que Dios da es la vida eterna por medio de Cristo Jesús nuestro Señor.* **Romanos 6:23**

El hombre no tiene la capacidad de pagar el precio tan alto para ser libre de su pecado. A mas de tomar una decisión profunda por obedecer, por si solo no puede darle la seguridad y confianza que necesita para hacerlo libre de todo efecto de maldición.

> **Sólo Cristo cordero de Dios es quien tiene el poder y derecho legal para comprar y sacar al hombre de la esclavitud del pecado.**

La única seguridad y antídoto para comenzar a romper con las maldiciones es tener plena convicción y certeza en el poder de la sangre de Jesucristo derramada en la cruz.
Pues ustedes saben que Dios pagó un rescate para salvarlos

de la vida vacía que heredaron de sus antepasados. Y el rescate que él pagó no consistió simplemente en oro o plata sino que fue la preciosa sangre de Cristo, el Cordero de Dios, que no tiene pecado ni mancha. 1 Pedro 1:18-19 NTV

Recuerda siempre que los pecados son lo eslabones de la cadena que aprisionan el alma. La deuda pendiente es imposible cancelarla por uno mismo; lo único que tiene poder efectivo de cancelación es cuando se activa la fe en el poder de la sangre que Jesucristo derramo en la cruz del calvario.

El Poder de la Sangre de Cristo

Cuando te encuentres en una situación embarazosa clama a la ¡Sangre de Cristo! y ella te cubrirá y te protegerá porque saldrá para tú defensa. La Sangre de Cristo es lo que permite que tu entres al Padre; es la expiación por tus pecados, es lo que te hace apto delante de Dios. Todos estábamos excluidos de la oportunidad de entrar al Reino de Dios, pero por la sangre derramada en la cruz nos acercamos al trono de su gracia. Efesios 2:13 dice: *Pero ahora en Cristo Jesús, vosotros que en otro tiempo estabais lejos, habéis sido hechos cercanos por la sangre de Cristo.*

Por ella Jesús se hizo mediador entre Dios y el

hombre. Un mediador de un Nuevo Testamento. Los que han encontrado esta virtud saben lo que es vivir bajo la bendición del regalo de Dios sin merecerlo. Por eso toda la Gloria será para el único Salvador.

A Jesús el Mediador del nuevo pacto, y a la sangre rociada que habla mejor que la de Abel. Hebreos 12:24

La Sangre es una señal en el mundo espiritual.

Toda persona que no es cubierta y lavada por la sangre de Jesús esta expuesta a que la maldición generacional lo alcance. La sangre es más que una protección; la Sangre es una señal poderosa que el enemigo no puede traspasar ni tocar. Ella forma un escudo poderoso alrededor de cada cristiano que oye, guarda, y pone por obra los mandamientos de Dios. La obediencia es la puerta cerrada al pecado y a la vez la ventana abierta a las bendiciones del cielo. El día de la redención de la esclavitud, había llegado, para todo Israel. Ellos para ser libres tenían que pasar por una puerta que era una señal espiritual de que habían alcanzado esa liberación y que estaban listos para tomar las promesas de Dios. Esa puerta tuvo que ser manchada con sangre de sacrificio. El ángel de la muerte traía venganza. La sangre era la señal en el dintel de las puertas.

Y la sangre os será por señal en las casas donde vosotros estéis; y veré la sangre y pasaré de vosotros, y no habrá en vosotros plaga de mortandad cuando hiera la tierra de Egipto. Exodo 12:13

El Ángel paso de largo y no los tocó. En el mundo espiritual se ve nuestra marca; la sangre hace de protección, sobre todo espíritu de maldad que se mueve en el mundo.

Y tomad un manojo de hisopo, y mojadlo en la sangre que estará en un lebrillo, y untad el dintel y los dos postes con la sangre que estará en el lebrillo; y ninguno de vosotros salga de las puertas de su casa hasta la mañana. Éxodo 12:22

Todos tenían que salir a la hora prefijada y ninguno se podía adelantar a los demás; la sangre no hace acepción de personas, es para todas las razas, lenguas y color. Es poderosa para limpiar tanto el pecado más grande como el más pequeño. Nadie puede ser redimido si primero no se lava en la sangre.

Ella es la única que te abre el camino al Padre, la sangre que Jesús vertió en el calvario es poderosa para limpiarte de todos tus pecados.

La sangre está dentro de los tres gran-

> des testigos de la gracia en la tierra, juntamente con el Espíritu de Dios y la Palabra eterna.

La sangre de Cristo no solo redime a los creyentes del pecado y el castigo eterno, sino que "Su sangre purificará nuestra conciencia de obras muertas para servir al Dios vivo" (Hebreos 9:14). Esto significa que no solo somos ahora libres de ofrecer sacrificios, los cuales son "inútiles" para obtener la salvación, sino que somos libres de depender de las obras inútiles e improductivas de la carne para complacer a Dios. Porque la sangre de Cristo nos ha redimido, ahora somos nuevas criaturas en Cristo (2 Corintios 5:17), y por Su sangre somos liberados del pecado para servir al Dios vivo, para glorificarle, y para gozar de El por una eternidad.

> Esto es lo que la Palabra de Dios te dice: eres redimido para ser libre por completo de toda maldición.

No dudes ni por un instante, no pienses que *no lo mereces,* Dios desea bendecirte, sin embargo, tienes que atreverte a dar un paso de fe, tienes que aferrarte del poder de la sangre de Cristo y hacer que ese hermoso sacrificio vivo sea real en tu vida. Dios está esperando a que tomes la decisión, sólo basta con clamar a Él, con entregarle el control por completo de tu vida y Él hará el resto por ti.

Anímate ahora, reconoce a Cristo Jesús como tu Salvador y Redentor, Él tiene el poder por su sangre y por su resurrección de hacer de tu vida algo diferente a lo que antes era. Tu vida será impactada por su presencia y si tienes su presencia lo tienes todo, nada te faltará, nada ni nadie te podrá hacer frente porque su Sangre Preciosa te cubrirá durante toda tu vida.

> **No postergues más tu decisión, ¡activa el poder que tiene la Sangre de Cristo en tu vida hoy!**

Bibliografía

Biblia de Estudio Arco Iris. Versión Reina-Valera, Revisión 1960, Texto bíblico copyright© 1960, Sociedades Bíblicas en América Latina, Nashville, Tennessee, ISBN: 1-55819-555-6.

Biblia Plenitud. Versión Reina-Valera, Revisión 1960, ISBN: 089922279X, Editorial Caribe, Miami, Florida.

Vine, W.E. Diccionario Expositivo de las Palabras del Antiguo Testamento y Nuevo Testamento. Editorial Caribe, Inc./División Thomas Nelson, Inc., Nashville, TN. ISBN: 0-89922-495-4, 1999.

La Biblia de Referencia Thompson, Versión Reina-Valera 1960 copyright © 1987 The B.B. Kirkbride Bible Company, Inc. Y Editorial Vida, Miami, FL. ISBN: 0829714448 (original The Thompson Chain Reference © 1983 The B.B.

Portavoz, filial de Kregel Publications, Grand Rapids, MI. ISBN: 08254-1532-2 (original The MacArthur Study Bible, © 1997 Word Publishing, Thomas Nelson, Inc. Nashville Tennessee.)

Nueva Concordancia Strong EXHAUSTIVA DE LA BIBLIA. James Strong, LL.D., S.T.D. Editorial Caribe. ISBN: 0-89922-382-6

JVH
PUBLICATIONS
LIBROS QUE TRANSFORMAN CON LA LLAMA DE LA VERDAD

Nuestra Visión

Alcanzar las naciones llevando la autenticidad de la revelación de la Palabra de Dios, para incrementar la fe y el conocimiento de todos aquellos que lo anhelan fervientemente; esto por medio de libros y materiales de audio y video.

Si deseas ser uno de nuestros distribuidores, por favor contáctanos:
JVH PUBLICATIONS
11830-36 MIRAMAR PARKWAY
MIRAMAR, FL. 33025 USA
TEL. 1-954-450-2325

JESUSVIVEHOY.COM

DESCUBRIENDO A BELIAL

Este libro tiene el propósito de revelar, de una forma práctica, uno de los espíritus más peligrosos que se mueven en estos últimos tiempos. Esto, con el fin de abolir la ignorancia y la apatía que cierra los ojos espirituales de los hijos de Dios, e impiden discernir la manera en que este espíritu, que provoca la carnalidad, opera por medio de la lascivia y la lujuria.

Esta enseñanza muestra, claramente, que si el espíritu de Belial logra sacarle la energía espiritual a un cristiano y confundirlo, es porque hay una tibieza en él.

A medida que leas este libro, podrás entender quién es Belial y cómo opera, utilizando a personas como vehículos o canales para lograr su propósitos.

Categoria: Guerra Espiritual   ISBN: 1-59900-002-4

ORACION DE GUERRA EN LOS SALMOS - 3RA EDICION

La lectura de este libro te irá revelando, claramente, las tres batallas por las cuales transita el alma; así, como también, a diferenciarlas para vivir por encima de las dificultades y salir siempre vencedor en cualquier problema; sea tanto físico, como mental o espiritual.

El propósito esencial de Oración de Guerra en los Salmos es que, cada lector, entienda que la palabra de Dios no fue escrita tan sólo para leerla, sino para establecerla a través de nuestro hablar; y para usarla como arma poderosa en la conquista de lo que habíamos creído perdido.

Categoria: Guerra espiritual   ISBN: 1-59900-012-1

Libros

DETÁS DE LA INIQUIDAD

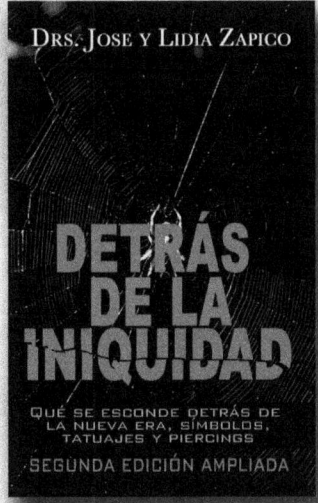

Al leer este libro podrás saber que es lo que hay detrás de la iniquidad, la cual significa injusticia, la condición de no ser recto. Es el poder espiritual activamente opuesto a Dios y al evangelio de su amor.

Podrás saber que se esconde detrás de los tatuajes y porque hoy más que nunca están de moda, como es que la iniquidad ha activado estas practicas ancestrales que data desde tiempos antiguos.

No solo esto, sino también el perforarse la lengua, la nariz, la cara, los labios, el ombligo y distantes partes del cuerpo, con metales, todo esto sin lugar a duda va cautivando progresivamente a los seres humanos.

"Detrás de la iniquidad un libro que no puedes dejar de leer, porque en el entenderás como no ser mas esclavo y como ser libre para siempre de todo espíritu de iniquidad.

JESUSVIVEHOY.COM

Libros

LOS VIGILANTES

El propósito de este libro es animar a todos aquellos que han recibido el llamado para estar vigilantes, e intercesores por el Espíritu, centinelas de la Iglesia de Cristo, en esta hora tan crucial en la cual se vive. El trabajo original que Dios le dio a 'los vigilantes' (los hijos de Elohim) era de cuidar, proteger e interceder delante de Dios por la creación entera. Algunos de ellos se desviaron al ver las hermosas mujeres creadas en la tierra, codiciandolas y dejando su lugar de origen se contaminaron con sangre y carne.

La Iglesia en esta hora no puede debilitarse frente al ataque frontal de estos malignos seres. Muchos son los que los han visto, altos mas que la medida de un hombre y con cuerpos perfilados y brillantes, buscando las mujeres, solas, frustradas, viudas, para tener relaciones sensuales con ellas. La Iglesia se debe de levantar con el poder del intercesor profético, visionario y con la unción poderosa de liberación Dios siempre busco quienes se pusieran en la brecha; para cubrir y reparar la grieta abierta, hombres que ocuparan el lugar de aquellos "vigilantes" que cuidaban de la creación de Dios.

$12.99

JESUSVIVEHOY.COM

Libros

El Reino de Dios
y Los Reinos del Mundo

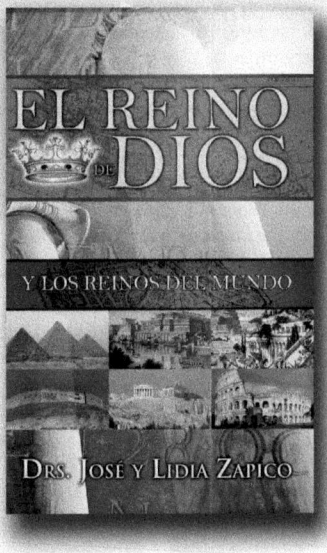

El libro "El Reino de Dios" nos trasmite un mensaje al descubierto con una información profunda de lo que se movía en los Reinos anteriores a Cristo y su influencia espiritual en el tiempo presente. Este libro revela el significado espiritual de la estatua que vio en sueños el rey de Babilonia y analiza su desarrollo uno por uno. El poderío económico y religioso de Babilonia; la astrología y la magia que practicaban los Persas; la influencia del humanismo y la extensión de la Nueva Era basada en las filosofías de los padres del razonamiento. Como también el análisis de los sistemas políticos y sus influencias en el presente.

Los Doctores José y Lidia Zapico también hacen un exhaustivo estudio del verdadero Reino de Dios y sus principios y como este Reino derribará a todos los Reinos anteriores de la Tierra, basado en los 10 dedos de la estatua; mientras que el Reino Divino permanecerá para siempre.

"El Tiempo se ha cumplido, y el reino de Dios se ha acercado; arrepentíos, y creed en el evangelio."

JESUSVIVEHOY.COM

Libros

SÉ LIBRE DEL RENCOR

El odio racial y la violencia dentro de la familia continúan creciendo de una forma alarmante en nuestra sociedad. Desde el crimen organizado, pasando por los crímenes callejeros motivados por la discriminación que implica al racismo o seguidos por el abuso y la violencia en los hogares, vemos que el odio carcome una humanidad que se ha quedado paralizada ante el inminente crecimiento de este monstruo que quiere socavar la base de la sociedad: La familia.

El conflicto de padres e hijos, los desacuerdos matrimoniales y la ruptura de las relaciones entre hermanos han creado un hueco en el alma de los seres humanos. A millares los han herido cayendo en profundas depresiones, mientras que otros sin saber cómo lidiar con sus impulsos emocionales optan por los suicidios o asesinatos.

Además de analizar el paso del enojo al rencor y al odio, este libro explica cómo ser libre por completo de este mal y alcanzar la victoria ante esta gran amenaza.

$12.99

JESUSVIVEHOY.COM

www.ingramcontent.com/pod-product-compliance
Lightning Source LLC
Chambersburg PA
CBHW071306110426
42743CB00042B/1196